GUARDINI / WAHRHEIT DES DENKENS
UND WAHRHEIT DES TUNS

ROMANO GUARDINI

WAHRHEIT DES DENKENS UND WAHRHEIT DES TUNS

Notizen und Texte 1942–1964

Aus nachgelassenen Aufzeichnungen herausgegeben von Felix Messerschmid

FERDINAND SCHÖNINGH
PADERBORN · MÜNCHEN · WIEN · ZÜRICH

CIP-Kurztitelaufnahme der Deutschen Bibliothek

Guardini, Romano:
[Sammlung]
Wahrheit des Denkens und Wahrheit des Tuns: Notizen u. Texte 1942–1964 / Romano Guardini. Aus nachgelassenen Aufzeichn. hrsg. von Felix Messerschmid. – Paderborn, München, Wien, Zürich: Schöningh, 1980.
ISBN 3-506-73454-7

München · Wien · Zürich
Printed in Germany.
Satz: Dörlemann-Satz, Lemförde
Gesamtherstellung: Ferdinand Schöningh, Paderborn.

ISBN 3-506-73454-7

Geleitwort

Diese ‚Aufzeichnungen' waren von Anfang an nicht zur Veröffentlichung bestimmt, gehörten daher auch nicht zum literarischen Nachlaß, sondern zum Bestand von Briefen und Dokumenten, über die der Testamentsvollstrecker zu verfügen hatte. Romano Guardini hatte mir aufgetragen, das alles zu verbrennen, so wie er selbst es mit solchen Papieren durch Jahrzehnte getan hatte; in seinen letzten Jahren ist er dazu nicht mehr gekommen. Ich habe mich an diese Bitte mit ganz wenigen Ausnahmen gehalten. Zu den Ausnahmen gehören diese „Notizen und Texte".

Dem Historiker ist eine solche Gewissensfrage nicht unbekannt. Er steht oft genug in der doppelten Verantwortung: gegenüber dem verstorbenen Verfasser und gegenüber seiner Wissenschaft und der Öffentlichkeit. Testamentarische Anweisungen müssen natürlich eingehalten werden. Liegen solche nicht vor, sondern nur gesprächsweise geäußerte Bedenken des Verfassers, kann der Bearbeiter entscheiden.

Die ‚Aufzeichnungen' Guardinis lagen nicht als einheitliches Manuskript vor; ‚Tagebuchblätter' wäre die angemessene Bezeichnung. Als Tagebuch wurden die halbseitigen Blätter begonnen; aber Guardini erkannte rasch, daß es ihm nicht gegeben war, ein wirkliches Tagebuch zu führen, was immer man darunter verstehen mag. Aussprüche der folgenden Art finden sich in diesen Notizen mehrere: „Ich bin mir selbst eigentlich kaum interessant. Ein paar Mal hatte ich das Gefühl, hinter meinem Dasein sei ein verborgener Sinn und Wille – wie das jeweils bei jedem Menschen der Fall ist –, aber eben der meine. Doch ist das kein biographisch faßbarer Sinn, und ein Tagebuch hilft nicht dazu, ihn zu sehen." Was er neben seiner strengen, systematischen Produktivität brauchte, waren Niederschriften von Einfällen, Gedanken aus der Lektüre, Seitenlinien zu dem Hauptstrang einer Arbeit, Beobachtungen verschiedenster Art, „was einem durch den Sinn geht" (so ein sonst leeres Blatt); also sozusagen ein Nebenplatz auf seinem Schreibtisch, zu dem sich der stets gedankenbedrängte Mann hinwenden konnte, um einen anderssträngigen Sachverhalt nicht verdrängen zu müssen und so zu verlieren.

Die Gliederung in vier Teile ist nicht sachlich bestimmt. Die Aufzeichnungen gingen durch 22 Jahre; dazwischen liegen einige lange Pausen. Entschloß sich Guardini mehr oder weniger widerwillig zu einem Neuanfang oder zur Stetigkeit der Fortführung, steckte er die bisherigen Aufzeichnungen in einen Umschlag, dies aber mehr, um sich selbst den Entschluß zu einem Neubeginn zu bekunden . . . der dann an der Weise der Fortführung nichts geändert hat. Festgehalten hat er an der Datierung jeder Aufzeichnung – wodurch die Nähe zu einem Tagebuch doch sich herstellt.

Alle diese Blätter sind handgeschrieben. In einem solchen Manuskript sind leicht verständliche Abkürzungen erlaubt. Sie sind stehengeblieben, um dem Leser auch im Druck wenigstens auf diese Weise den Eindruck von persönlichen Aufzeichnungen zu vermitteln. Daß Namen meist nur mit den Anfangsbuchstaben bezeichnet sind, ist auch Ausdruck der Diskretion. Ich habe es dabei belassen, obwohl diese Abkürzungen leicht zu ergänzen wären, jedenfalls durch den Kenner. Würden sie ausgeschrieben werden, wären Fußnotenkommentare nötig; dazu wollte ich mich nicht entschließen.

Der Buchtitel ist aus einer der Aufzeichnungen gewonnen worden; der Untertitel stammt aus einem der Teile, in welche Guardini die Blätter eingeordnet hat. In den Text ist an keiner Stelle eingegriffen worden, auch ist keine der Aufzeichnungen gestrichen worden.

Man mag fragen, warum dieses Buch erst mehr als 12 Jahre nach dem Tod Guardinis erscheint. Wie eingangs gesagt, gehört es zu den ‚Ausnahmen'. Die Bitte an den Testamentsvollstrecker, alle Papiere zu verbrennen, hat Guardini nicht ausdrücklich auch auf diese Aufzeichnungen bezogen. Vorlegen wollte ich sie jedoch erst, nachdem eine gewisse Zeit verstrichen war. So lange hätte ich allerdings nicht gewartet, hätte ich gewußt, daß die Herausgabe der großen Vorlesungsmanuskripte, vor allem der Ethik, bis zum heutigen Tag verhindert werden würde.

Diese Aufzeichnungen unterscheiden sich von anderen Büchern Guardinis in erster Linie durch ihren persönlicheren Stil und die damit gegebene, Guardini sonst fremde Rückhaltlosigkeit, durch ihre (für Guardini immer noch relative) Offenheit. Neben dem außerordentlichen gedanklichen Reichtum der Notizen macht diese Offenheit den Reiz des Buches aus. Es gibt einen Blick auf den sonst nur im Einzelgespräch sich öffnenden Guardini frei und läßt an seiner Arbeits- und Lebensweise teilnehmen.

Zur Erweiterung solcher Teilnahme mag ein 1979 erschienenes Buch dienlich sein: „Romano Guardini. Der Mensch, die Wirkung, Begegnung" mit einer ausführlichen biographischen Darstellung durch den Verfasser dieses Geleitwortes (Verlag Dr. Hanns Krach, Mainz).

Nicht unterlassen werden soll der Hinweis darauf, daß der Herausgeber dieses Buches zwar in eigener Verantwortung, jedoch im Einvernehmen mit der testamentarischen Nachlaßkommission und ihrem Vorsitzenden, dem Direktor der Katholischen Akademie in Bayern, Herrn Dr. Franz Henrich, gehandelt hat.

Felix Messerschmid

Du Quell der Meisterschaft
Wahrheit, o Herrin,
laß mein Bemühen nicht straucheln
Über das rauhe Gestein der
Lüge . . .

PINDAR, Fragm.
(Wolde S. 245)

Inhaltsübersicht

TEIL I

DEMUT: 12. 2. 42

Ihre erste Stufe ist die Bescheidenheit, welche sagt: Andere sind auch noch da und sind vielleicht besser als ich – wozu noch der Geschmack kommt, der es dumm findet, sich vorn hinzustellen.

Ihre zweite Stufe ist das Stehen in der Wahrheit, über welche die eigene Person sich selbst vergißt.

Die dritte Stufe ist die Liebe, die jene heilige Bewegung mitvollzieht, in welcher der große Gott sich ins Kleine hinabgeworfen hat.

19. 8. 42

NACH DER LESUNG VON NIETZSCHES „WILLE ZUR MACHT"

Wir brauchen Christen, die zum christlichen „Erweis der Macht" fähig sind; Theologen, die wissen, was wirklich in der Offenbarung steht. Prediger, die es in unsere Zeit hinein zu sprechen vermögen. Die übliche Christlichkeit, Theologie und Predigt, stehen – geschichtlich genommen – überhaupt nicht da, wo die Entscheidungen fallen.

21. 8. 42

Draußen die Heiden und drinnen die Pharisäer und Zeloten: Das wird zu einem guten Teil die SITUATION DER KIRCHE bestimmen. Pharisäer und Zeloten aber nicht nur unter den Alten, sondern auch und gerade unter den Jungen, die weder die Kraft noch die Ehrfurcht haben, Probleme zu sehen, und die von den Gegnern die Methoden der Gewalt übernommen haben.

28. 8. 42

In den TAGEBÜCHERN LIONARDOS gelesen. Man rühmt die vielen Erkenntnisse und Experimente: Mir war zumute, als stünde ich in einem großen Raume voll Gerümpel.

Alles war so durch und durch überholt. Das ist gewiß nicht fortschrittsgläubig gemeint; ich wüßte nichts, was, wesentlich gesehen, gleichgültiger wäre als das, was man gewöhnlich unter Fortschritt versteht. Ebendarum ist es ja so von Grund aus überholt, denn was kann weiter überholt sein als die Fortschritte, die das Gestern über das Vorgestern hinaus gemacht hat? Eine Einsicht in eine menschliche oder metaphysische oder religiöse Wahrheit, rein gewonnen und in ihr richtiges Wort gebracht, ist immer lebendig, auch wenn nachher noch so viel gedacht wird. Ein rein geschaffenes Kunstwerk ebenfalls. Mit der Wissenschaft und Technik steht es anders. Sobald sie gewonnen sind, werden sie selbstverständlich, und sobald sie überholt sind, werden sie zu Gerümpel.

Lionardos naturwissenschaftliche Erkenntnisse und technische Ideen wären mit der Zeit irgendwo gekommen. Jeder halbwegs befähigte Forschungsmann hätte etwas davon gefunden; und wenn das statt heute zehn Jahre später geschehen wäre, hätte es in keinem wesentlichen Sinne einen Verlust bedeutet. Kein anderer aber konnte eine Hand zeichnen, wie Lionardo sie gezeichnet hat. Von da aus gesehen: wieviel vertane Schöpferkraft, wieviel Ungetanes, nur einmal Mögliches!

6. 10. 42

Die Theologie sagt: Gott habe die ganze Länge und Breite und Tiefe des geschichtlichen Geschehens vorausgesehen und geplant. Der Gedanke ist sicher richtig – aber können wir mit ihm leben und zugleich die Entscheidungsdichte des Augenblicks ernst nehmen?

Wie wäre es, wenn man statt dessen sagte, Gott gehe mit uns in jeden Augenblick hinein und nehme ihn zusammen mit uns ernst? Ob dadurch nicht der Augenblick und wir mit ihm ebenso, ja noch besser ,,vorgesehen" sind, und die geschichtliche Dringlichkeit gewahrt bleibt?

15. 1. 43

Zwei Weisen des Menschseins

Die des ,,humanen" Menschen, der in den Grenzen und damit im Schutz des lebendigen Maßes bleibt, die Hut der Symbole, den Reichtum des Natürlich-Blühenden hat, die Grenzen des Versagten kennt und achtet.

Ihm gegenüber die jenes Menschen, der mit Erkenntnis, Planung und Werk zum äußersten geht und die ganzen Möglichkeiten der Weltherrschaft realisiert und das Äußerste dessen wagt, was in der Freiheit liegt.

Vielleicht liegt der Sinn der Geschichte darin, daß – im Abendland durch die Griechen und das Mittelalter – zuerst die erste Weise zu ihrer Blüte gebracht wurde; dann die zweite vordrang und, von der Renaissance ab, immer voller durchgeführt wird. Nun wird der Mensch – ganz im Widerspruch zu dem, was der Fortschrittsglaube sagt – immer ärmer, immer preisgegebener, immer gefährdeter. Er muß durcherfahren, was es heißt, die Menschenmacht zu haben, ohne in Gott verankert zu sein. Die Gottähnlichkeit der Schrift bedeutet Herrschaft über die Welt, aber im Gehorsam gegen Gott. Der Mensch, der seit der Neuzeit die Geschichte führt, will die Herrschaft ohne Gott; so muß er sie denn durchführen und erfahren, was daraus wird. Dann führt der Sinn der Geschichte auf eine Zeit hin, in welcher nicht nur Einzelne, durch Glaube und Leid Belehrte, sondern wieder eine zukunfttragende Schicht oder Gruppe erkennt, was es mit dieser autonomen Weltherrschaft auf sich hat, und den Weg zu Gott aufs neue sucht.

1. 4. 43

Das Letzte ist unerkennbar und bleibt es. Was die Kraft, der Stoff, das Leben, das Naturgesetz usw. sind, weiß man nicht und wird es nie wissen. Das ist nicht mit Bedauern, sondern mit Ehrfurcht gesagt. Das Wesen dieser Dinge ist grundsätzlich verschlossen. Die voranschreitende Erkenntnis ändert nichts daran. Sie nimmt von der Unerkennbarkeit nur die Bilder weg und macht sie nackt.

Von der Krankheit hat man früher gesagt, eine böse Macht wirke sie, oder sie sei eine Prüfung Gottes; hat gebetet, gepflegt, gelitten, vielleicht auch gezaubert und mit alledem sich auf das Unerkennbar-Heilende bezogen. Die Kranken sind gesund geworden oder auch nicht; der Endertrag aber, das Verhältnis zum Sinn des Daseins, war größer. Heute erforscht man immer genauer die Mechanismen des Krank- und Gesundseins; werden aber die Menschen im ganzen gesünder, wenn man all die Schädigungen, welche Medizin und Chemie am Ganzen des Lebens anrichtet, hinzunimmt, die Tatsache, daß der Mensch dabei der Willkür des anderen Menschen ausgeliefert wird? Es scheint nicht, eher im Gegenteil. Dabei bleibt das Letzte, „das Leben", der Lebenswille genauso unerkennbar; aber die weisenden, deutenden, helfenden Bilder sind verloren.

Ostersonntag 1943

Das Ein und Alles der christlichen Ethik und Lebenshaltung ist die Liebe, sicher. Aber „Liebe" ist ein Inbegriff. Erfordert und verheißt alles, kann aber nicht ohne weiteres verwirklicht werden, ebensowenig wie „das Gute". Er bedarf der Interpretation, und da gibt es eine Reihe von Wertgruppen, durch die das wirksam geschehen kann. Zum Beipsiel: Liebe ist Gehorsam, Treue, Arbeit, Sorgfalt . . . Oder: Liebe ist Aufmerksamkeit, Bereitschaft, Geduld, Stille . . . Oder: Liebe ist das Sehen des Nächsten, Gerechtigkeit, Güte . . . Alles schlichte Begriffe, die aber zur Verwirklichung führen.

Ein großes Beispiel dafür bildet das dreizehnte Kapitel des ersten Korintherbriefes, wo die Liebe, für Paulus gewiß der Inbegriff und von ihm in größter Weise erfahren, mit den Begriffen des täglichen Tuns ausgedrückt wird, die aber zur Verwirklichung führen.

Ostermontag 43

Ein Bekannter erzählte mir, sein Freund sei ganz zuletzt aus STALINGRAD wegbefohlen worden und habe Folgendes erlebt: Als es einmal für eine bestimmte Gruppe von Soldaten zu Ende ging, habe der protestantische Feldgeistliche sein Neues Testament aus der Tasche genommen, den Einband weggerissen und jedem ein Blatt des heiligen Buches gegeben. Keiner habe es abgelehnt.

2. 5. 43

Die WAHRHEIT DES DENKENS besteht darin, einen Gedanken nach seiner ganzen Tiefe, Höhe und Breite durchzuführen und vor keiner Konsequenz zurückzuscheuen. Die WAHRHEIT DES TUNS ist anders. Sie besteht darin, die schmale Stelle der Möglichkeit zu suchen und die eigene Kraft in das rechte Maß zu bescheiden, wissend, daß der vollzogene Ansatz durch die innere Logik des Lebens selber weitergeführt wird.

6. 4. 45

AM ENDE LÄNGERER GESPRÄCHE ÜBER DIE ZWISCHEN KATHOLIKEN UND PROTESTANTEN SCHWEBENDEN FRAGEN:

Erlauben Sie mir, nun noch etwas zu sagen, das vielleicht unser bisheriges gutes Einvernehmen in Frage stellen wird, das aber um der Wahrheit willen gesagt werden muß. Sie haben gesehen, daß ich Ihre Gesinnung, den Ernst Ihres Wahrheitswillens nie in Frage gestellt habe, sonst hätte unser Gespräch sich ja nicht so entwickeln können, wie es geschehen ist. Ich brauche

Ihnen auch nicht zu sagen, wie hoch ich die Leistungen der protestantischen Forschung einschätze. Jeder theologisch arbeitende Katholik kommt immer wieder in die Lage, aus ihnen dankbar Nutzen zu ziehen. Es besteht auch kein Zweifel, daß der Protestantismus vermöge seiner besonderen geschichtlich-geistigen Position Elemente der christlichen Wahrheit, die im katholischen Bereich nicht oder nicht genug entwickelt worden sind, besonders ins Auge gefaßt und so wichtige Beiträge zur christlichen Gesamterkenntnis beigebracht hat. Endlich liegt mir daran, zu sagen, daß ich in jedem Protestanten, der an den menschgewordenen Gottessohn Jesus Christus glaubt, ebendamit den Bruder erblicke.

Trotzdem bleibt die Tatsache bestehen, daß die Reformation die Einheit der Kirche zerrissen hat. Das darf auch durch den Umstand, daß seit einiger Zeit auf protestantischer Seite mit solchem Nachdruck von der Kirche gesprochen wird, nicht verschleiert werden. Man braucht nur wenig zurückzugehen, um zu sehen, wie nachdrücklich der gleiche Protestantismus die individuelle Freiheit des Gewissens betont und jegliche Instanz außer dem unmittelbaren Gegenüber des Menschen zu Gott abgelehnt hat. Daraus geht hervor, daß wohl das gleiche Wort gesprochen, es aber in verschiedenem Sinne gemeint wird.

Sie werden sagen, der Protestantismus habe das selbst um der Wahrheit willen getan, als er mit seinen Bemühungen, die Schäden der Kirche zu zeigen und zu überwinden, nicht durchkam. Hier stehen wir vor dem Letzten. Die Reformation hatte recht, als sie auf schlimme und weit verbreitete Schäden in der Kirche hinwies; sie hatte recht, als sie vernachlässigte Momente im Glaubensbewußtsein wie im christlichen Leben herausarbeitete. Sie hatte recht, darin fest zu bleiben, als die Beharrungsmacht und zum Teil sogar die Verhärtung im Bestehenden sie nicht hörte. Dazu kam aber die christliche Erprobung: in welcher Weise die Reformation die von ihr gesehene Wahrheit weiterhin vertreten würde, und da ist etwas Schlimmes geschehen. Die in der beginnenden Neuzeit sich regenden Impulse der individuellen Selbständigkeit gegenüber den objektiven Vertretungen des Gültigen, welche in der Kirche vom Mittelalter her so sehr stark waren, und das Empfinden der werdenden deutschen Nation gegenüber dem in der Kirche so mächtigen romanischen Element sind in das christliche Anliegen eingeströmt, so stark, daß sie die Führung an sich rissen. Damit war aber das Unheil da. Diese Impulse haben, wie jedes echte geschichtliche Moment, für das christliche Denken ihre große Bedeutung; sobald sie aber die Führung erlangen, gleitet das Ganze aus dem eigentlichen Bereich der Entscheidung hinaus . . .

Sie werden fragen, was denn die Reformatoren hätten tun sollen? Wenn es sich um die wesentlichen christlichen Dinge handelt, noch dazu von solcher Tragweite, bleibt nur ein Weg: der, den die Heiligen gegangen sind.

Die Reformatoren hätten in ihren Überzeugungen festbleiben, aber in der Kirche ausharren sollen und auf sich nehmen, was daraus kam. Man spricht in der protestantischen Theologie so viel vom Kreuz und von der Theologie des Kreuzes. Ich habe aber oft den Eindruck, daß das nur eine andere Form ist, um die Inkommensurabilität natürlicher und christlicher Inhalte zu begründen und so auf sehr subtile Weise sich freie Hand zu schaffen. Das wäre der echte Weg des Kreuzes gewesen: auszuharren und die gesehene Wahrheit durch das Leiden hindurchzutragen. Auf die Unterstützung Macht suchender Fürsten, nach Unabhängigkeit strebender Städte usw. zu verzichten und mit dem heiligen Geheimnis der Kirche in jenem liebenden und leidensbereiten Zusammenhang zu bleiben, aus dem allein das Neue in der Kirche hervorgeht. Dann wäre, wohl langsam, aber aus dem Wesen heraus, die Ausweitung geschehen. Die neu gesehenen Elemente hätten ihren Platz im Ganzen gefunden, und das Leben der Kirche wäre gewachsen. Statt dessen hat die Reformation die Treue der Überzeugung mit dem trotzigen Beharren auf dem eigenen Willen verwechselt; den Gehorsam gegen Gott zur Unbotmäßigkeit gegen die von ihm gesetzte Trägerin der Wahrheit werden lassen; und es ist ein Riß entstanden, durch den das Unheil in die ganze, von da ab laufende Geschichte eingedrungen ist.

Das ist die Tatsache, auf die im Letzten jedes Gepräch zwischen dem Katholiken und Protestanten stoßen muß und die nicht verschleiert werden darf.

Selbstverständlich haben Sie das Recht, demgegenüber auf Trägheit, Härte, Gleichgültigkeit, irdischen Sinn und was immer in der Kirche hinzuweisen. Die Schuld, die daraus kam und die Verantwortung dafür sind wahrlich groß genug. Doch ist in alledem nichts grundsätzlich Irreparables geschehen, und das ist der Unterschied.

23. 5. 43

Versuch, DAS REFORMATORISCHE ANLIEGEN zu formulieren.

Gott soll in der vollen Freiheit seiner heiligen Souveränität stehen. Der Mensch soll auf diesen freien Gott bezogen sein und ebendamit selbst in eine besondere, die christliche Freiheit gelangen.

Nichts von Gott kann der Mensch einfachhin erfassen: nicht die Wahrheit (etwa in der Form von Theorie, Spekulation, Dogma), nicht die Gnade (etwa in der Form festgelegter und sicher arbeitender Sakramentik), nicht die Wirklichkeit (infolge von Mystik irgendwelcher Art), nicht die Heiligkeit (in Form von Vollkommenheitslehren und -techniken) . . . Immer muß zwischen Gott und dem Menschen ein Undurchdringliches stehen, das die Direktheit bricht. Gott ist nicht gebunden, sondern ganz souverän.

(Seine Wahrheit liegt nicht ablesbar im unmittelbaren Wort, sondern ereignet sich von ihm her, wenn er will, am gesprochenen und gehörten Wort usw.). Vom Menschen her ist es die Sünde, welche ihn beständig ausschaltet. Alles, was Erlösung heißt, ereignet sich in einer nicht aussagbaren Weise, nämlich der Freiheit Gottes und der Ausgeschaltetheit der menschlichen Eigeninitiative. Es ist die Weise des „Unmöglich und Trotzdem“, und das ist Gnade.

Gefahr des Katholizismus, dieses zweifellos wesentliche Moment aufzuheben: durch Dogma, Sakrament, Verdienstlehre, Autorität, Identifikation von Kirche und Reich Gottes usw. Bestreben, dadurch eine systematische Sicherheit zu erreichen. Anmaßung des Menschen und ebendadurch Unfreiheit.

Der Protestantismus will diese Gefahr, in der er das Wesen des katholischen Christentums sieht, überwinden. Dazu hebt er grundsätzlich das christliche Definitivum und die christliche Kommensurabilität auf. Alles bleibt immer in der vollkommenen Freiheit der göttlichen Entscheidung. Strenggenommen dürfte er nicht einmal von einer wirklichen Menschwerdung, einer wirklichen Offenbarung Gottes, einer wirklichen Rechtfertigung durch Christus reden, sondern nur von einer Möglichkeit dazu. Daß er es dennoch tut, aber die Konsequenzen daraus nicht zieht, ist seine Unwahrhaftigkeit. Er schafft zwei Sphären, die durch eine absolut irrationale, paradoxe Relation verbunden werden – und im übrigen durch die glückliche Inkonsequenz des Lebens.

Was bedeutet das aber als Kritik und als Aufgabe für das katholische Christentum?

4. 4. 1945

Aus einem Brief:

. . . Sie fragen: „Wie kann die Welt, wenn der göttliche und menschliche freie Wille gewahrt bleiben soll, als göttliche Idee ewig sein? Es muß dann doch alles verwirklicht werden . . . also auch die Sünde.“ . . . Zunächst wäre zu antworten, daß die „ewige Idee“ der Welt nur ihr Wesen, ihre gute Ordnung, ihre dem Willen Gottes entsprechende Entwicklung, nicht aber die Sünde, das Böse und die Zerstörung in sich schloß. Die sind aus dem freien Willen des Menschen entsprungen . . . Damit wäre die Frage aber nur zurückgeschoben, denn Sie werden antworten: Wie kann Böses und aus dem Bösen kommende Zerstörung sein, wenn Gott das Gute will? Darauf wäre zu antworten: Weil Gott die Freiheit als Gipfel der Schöpfung will; die aber bedeutet in der Zeit die Möglichkeit, zwischen dem Guten und dem Bösen zu wählen . . . So würden Sie die Frage an ihrer Wurzel stellen: Wie kann endliche Freiheit sein, wenn die göttliche Erkenntnis alles weiß und der göttliche Wille alles durchwaltet?

Bei der Erörterung dieser Frage wird oft ein Fehler gemacht: Man sucht den Gesamtzusammenhang, um den es sich da handelt, nämlich die Welt und den Menschen in ihr vor Gott, mit einem Wort das Dasein, auf ein einziges Prinzip zu bringen. Das zu tun, übersteigt aber unsere Möglichkeiten.

Die Heilige Schrift redet hier sehr unbefangen. Sie spricht einmal Sätze aus wie: „Vorgelegt habe ich Euch Leben und Tod, Segen und Fluch. So wähle denn das Leben" (Deut. 30,19); oder, aus dem Munde Jesu: „Jerusalem, Jerusalem, wie oft habe ich deine Kinder um mich sammeln wollen . . . ihr aber habt nicht gewollt" (Mt. 23,37). Damit wird ohne den Schatten eines Zweifels gesagt: Der Mensch ist in seiner Entscheidung frei; er kann handeln, wie er will, und danach gestaltet sich sein Schicksal. – Dieselbe Heilige Schrift enthält aber auch Sätze wie: „Ich bin gnädig, dem ich gnädig bin, und wessen ich mich erbarme, dessen erbarme ich mich" (Röm. 9,15). Oder das Wort Jesu: „Darum rede ich zu ihnen in Gleichnissen, . . . damit sie nicht hören mit ihren Ohren, noch verstehen mit dem Herzen und umkehren, und ich sie heile" (Mt. 13, 13–15). Damit ist aber die ganze Initiative in Gott gesetzt, und der Mensch muß sie hinnehmen . . . Das alles heißt: Hier ist ein Ganzes, das bald von der Seite der Allwirksamkeit Gottes, bald von der Seite der Freiheit des Menschen her gesehen wird. Beide Gesichtspunkte sind richtig: es ist aber nicht möglich, sie denkend auf eine Einheit zu bringen, da diese im Geheimnis Gottes liegt.

Zum selben Ergebnis kommen wir, wenn wir das Problem theoretisch betrachten. Eine zur Erörterung gestellte schwierige mathematische Frage wurde einmal von einem genialen Manne so gelöst, daß er zeigte, warum sie nicht lösbar sei. Hier haben wir das Verhältnis in seiner absoluten Form. Man kann die Frage, wie die beiden Prinzipien der Allwirksamkeit Gottes und der Freiheit des Menschen zu einander stehen, theoretisch nicht lösen, weil man dazu „die beiden Größen" auf einen Nenner bringen müßte, es einen solchen aber nicht gibt. Vielmehr müssen wir jeweils dort einsetzen, wo das eine und wieder das andere Prinzip evident wird, und beides anerkennen. Gott ist wirklich der Allwissende und Allwirkende, denn das liegt in seinem ewigen Wesen; der Mensch ist wirklich frei und verantwortlich, denn so ist sein ihm von Gott gegebenes Wesen. Das Ganze des Daseins hat also, um ein Bild zu brauchen, für unser Denken nicht einen, sondern zwei Mittelpunkte; es ist kein Kreis, sondern eine Ellipse. Hinter diesen beiden Punkten geht es auf ein Letztes zu, das uns aber unerreichbar ist. Sobald wir die Frage theoretisch auszutragen suchen, lösen wir entweder die Freiheit des Menschen auf und kommen zum Fatalismus, oder die Allwirksamkeit Gottes, und kommen zu einem bloß zuschauenden Gott wie im Deismus. In beiden Fällen ist die lebendige Wahrheit zerstört.

Wir haben hier also eine jener Fragen, die nicht da sind, um gelöst, sondern um getragen und gelebt zu werden. Kommt nur darauf an, in welchem Geiste sie getragen und gelebt wird – und das hängt davon ab, ob man sieht, wo der letzte Sinn der Offenbarung liegt. Darüber haben wir aber entscheidende Aussagen, so in dem Satz, wonach „Gott die Liebe ist" (1 Joh. 4,8). Diese Aussagen lösen die theoretische Frage nicht auf, geben uns aber die Versicherung, daß sie in einer unendlich positiven Weise – der Weise der Liebe – in Gott gelöst sind. Und daß wir diese Lösung in dem Maße lebendig, mit dem vom Herzen her belehrten Geiste verstehen, als wir es mit der Liebe wagen.

Freilich ist der Zustand der Welt und unserer selbst so, daß wir die Offenbarung, Gott sei die Liebe, in immer neuer Überwindung in das Dasein hineinglauben müssen, vertrauend, daß es sich am Schluß als wahr erweisen wird. Darum sagt Johannes: „Das ist der Sieg, der die Welt überwindet, unser Glaube" (1 Joh. 5,4).

Natürlich sind die Dinge mit dem Gesagten in keiner Weise erschöpft. Aber vielleicht ist doch deutlich geworden, worauf es ankommt: Man darf keinen falschen Anspruch auf logische Einheitslösungen machen, sondern muß von der durch die Offenbarung erleuchteten Wirklichkeit ausgehen. Das darin deutlich werdende Geheimnis muß man annehmen und sich ihm auf die Liebe hin anvertrauen. Wenn von etwas, dann gilt hiervon der ebenfalls johanneische Satz, daß wir „tun müssen, was Jesus sagt und dann erkennen werden, daß es aus der Wahrheit ist." . . .

9. 4. 45

Newmanns Pfarrpredigten, Band I

In der Predigt: „Heiligkeit ist nötig für die künftige Seligkeit" entwickelt Newman S. 4f. den schönen Gedanken, daß der Mensch heilig sein müsse, um des Himmels teilhaftig zu werden, da dieser selbst heilig ist. Der Gott Widerstrebende würde sich im Himmel überhaupt nicht wohlfühlen.

Diesen Gedanken entwickelt er aber an einem Bilde, welches Widerspruch hervorruft. Er sagt: „*Der Himmel gleicht nämlich nicht dieser Welt, sondern* ich will Euch sagen, welchem (Ort oder Zustand) er mehr gleicht: *einer Kirche*." Dem kann ich nicht zustimmen. Der Himmel steht zum Gesamtdasein nicht so, wie der Kirchenraum zum allgemeinen Leben. In der Kirche wird das Religiöse im besonderen und direkten Sinne geübt: die unmittelbare Gottesverehrung, welche sonst nicht geschieht und auch in einem wirklich christlichen Leben nicht geschehen kann, weil die anderen Dinge ihr gottgegebenes Recht auf unsere Aufmerksamkeit und unsere Kräfte haben. Es ist ein Fehler, das Religiöse, die Frömmigkeit überhaupt mit der besonderen und direkten Gottesverehrung gleichzusetzen. Es gibt auch die allgemeine und indirekte, und sie besteht darin, alles das, was der Auftrag, die Welt als Ebenbild Gottes zu beherrschen, in sich schloß, im richtigen Geiste zu tun.

Das ewige Leben wird nicht einfachhin eine große Kirche und eine beständige Liturgie sein – sosehr natürlich, in einem besonderen Sinne, dieses Bild ihr Recht hat, siehe die Apokalypse –, sondern das ewige Leben wird das ganze Dasein zu Gott ziehen. Der Grundbegriff, auf welchem Paulus und auch Johannes den Begriff des ewigen Lebens aufbauen, ist der der Welt. Das ewige Leben ist die neue, in Gott wiedergeborene Schöpfung. Dahinein wird das ganze Dasein des Menschen, mit allen seinen Bereichen, Kräften und Werten, wenn und soweit es, direkt oder indirekt, auf Gott gerichtet war, hineingezogen werden.

9. 4. 45

Aus Newmans ,,Parochial and plain sermons", Band II, *Glauben, ohne zu sehen,* S. 22

,,. . . Nach der Bestimmung des heiligen Paulus ist Glaube die Substanz oder das Verwirklichen (the realizing) der Dinge, auf die man hofft; die Überzeugung von, oder . . . das Handeln auf die Dinge hin, die man nicht sieht."

Die christliche Haltung ,,ist überzeugt, daß sie Licht genug hat – viel mehr, als ein sündiger Mensch zu erhoffen berechtigt ist –, wenn sie jeweils einen Schritt (auf dem Wege) voraussieht; und sie überläßt alle Kenntnis des Landes, durch das sie wandert, demjenigen, der sie gerufen hat."

In der gleichen Predigt macht Newman darauf aufmerksam, daß der Herr zu Thomas sagt: selig, die nicht sehen und doch glauben . . . Darauf hätte *Thomas* erwidern können, daß alle Apostel erst glaubten, als sie gesehen hatten.

Im Anschluß daran kam mir der Gedanke, daß die Rufe zum christlichen Glauben und Handeln verschiedener Art sind. Die anderen Apostel sollten glauben, nachdem sie den Auferstandenen leiblich gesehen hatten; Paulus, nachdem Er ihm visionär begegnet war; Thomas sollte glauben, ohne zu sehen, nur auf das Zeugnis der anderen Apostel hin – das heißt aber, in derselben Weise, wie auch wir glauben müssen. Für ihn sollten die anderen Apostel die Boten des Glaubens und er der Erste derer sein, die auf die Botschaft hin glauben würden.

Ein wichtiger Gedanke, scheint mir. Das Moment der Verkündung, des Glaubens auf die Tradition, auf das Wort der Kirche hin, fängt schon im Kreise der Apostel selbst an. Daß aber Thomas das nicht erkannt und gewollt hat, hat gemacht, daß er jenes Selig-Sein verlor, welches ihm daraus gekommen wäre.

10. 4. 1945

Versuch, DIE WESENSZÜGE des nicht historischen, sondern ABSOLUTEN PLATONISMUS zu zeichnen.

1. Für das platonische Denken bestehen die Grundelemente des Daseins nicht in eigenschaftslosen Atomen, noch in abstrakten Prinzipien, sondern in Gestalten. Man kann diese Gestalten nicht auflösen, sondern nur ihnen begegnen, sie erblicken, in sie eindringen.

Das aber kann man wirklich und eigentlich. Das Erkennen versteht sie, bzw. die Dinge und Geschehnisse in ihnen; das Handeln richtet sich nach ihnen; das Existieren stützt sich auf sie.

2. Die in den Dingen angetroffenen Gestalten sind noch nicht selbst das Letzte, sondern sind ihrerseits in einem Letzten, dem Absoluten, fundiert. So bezeugen sie sich in der unmittelbaren Erfahrung, und so stellt die Analyse es fest.

Sie weisen daher über sich auf das Absolute hinaus. Jede echte Gestalt ist im Absoluten gerechtfertigt. In jeder erscheint das Absolute. Alles Seiende hat Symbolcharakter.

3. Alle Dinge sind über sich begründet. Sie können nicht von unten herauf aufgebaut, sondern müssen von oben her empfangen, in Auftrag und Verantwortung genommen werden.

Das gilt in besonderer Weise vom Menschen. Er existiert von über sich herab und über sich hinauf. Diese Relation bestimmt sein Wesen.

4. Das Absolute ist nicht nur Sein, sondern auch, ja in erster Linie, Wert, Vollkommenheit: es ist „das Gute".

Mehr als das: es hat religiösen Charakter: es ist das Numinose, das Heilige.

5. Das Grundverhältnis zum Seienden ist die Liebe. Sie enthält einmal die Beziehung zur Gestalt, dann die zum Wert, endlich die zum Heiligen.

Nur der Liebeshaltung erschließt sich die Wahrheit; nur ihr gehorcht die Wirklichkeit; nur ihr öffnet sich die Fruchtbarkeit.

6. Dieses Grundverhältnis zum Sein ist kein Beherrschen und Gebrauchen, sondern ein Bilden, Freimachen, Heraushelfen, ein Wachsen, Sinnvollwerden, Sich-Verwirklichen.

Nur der recht gebildete Mensch gelangt in das rechte Verhältnis zum Erkennen – umgekehrt geht das rechte Erkennen in Bildung über.

7. Die Urgestalten, in denen das Absolute sich auf das Bedingte hin spezifiziert, sind die Ideen. Sie sind sowohl Bilder als auch Mächte. Sie sind in

den Dingen anwesend und bilden ihren Bauplan, wirken aber auch in ihnen.

Geistiges Leben heißt, mit ihnen in Verbindung treten, ihnen gehorchen, ihrer Macht (die Schönheit) den Weg freigeben.

Das platonische Denken hat auch *spezifische Gefahren:*

1. Den Körper und damit den Menschen zu verlieren; spiritualistisch oder gar dualistisch zu werden.

2. Das Konkrete zu verlieren; ins Abstrakte, Idealistisch-Blasse zu geraten.

3. Die Geschichte zu verlieren, ins Bloß-Metaphysische oder Mystizistische oder Ästhetische zu geraten.

4. Die Demut zu verlieren und, aus dem spezifisch-platonischen Höhenbezug heraus, hochmütig zu werden.

5. Die Liebe zum Menschen, wie er ist, nicht zu finden, humorlos zu werden.

In der Neuzeit finden sich, gleichzeitig erwachend und heranwachsend, ZWEI einander seltsam widersprechende und doch offenbar einander bedingende TENDENZEN.

Einmal: Der Mensch löst sich von Gott los, nimmt Eigenständigkeit und Selbstgenügsamkeit für sich in Anspruch. Das Ganze verschärft sich zum Bestreben, Gott abzusetzen, wegzuschaffen, ja schließlich ihn, nach dem Nietzsche'schen Wort, zu „töten" . . . Zugleich aber entwürdigt der nämliche Mensch sich selbst; sucht mit allen Mitteln zu beweisen, daß er nur ein Stück der Natur ist, daß er vom Tier abstammt, daß er aus Materie besteht.

Die Würde des Menschen ist über ihm aufbewahrt. Er lebt im Letzten nicht aus sich heraus, sondern von über sich herab. Er ist von Wesen „Ebenbild". Sobald er das verleugnet und von Demjenigen, dessen Ebenbild er ist, abfällt, verliert er den Bezugspunkt seines Wesens, seine Ehre und den Maßstab seines Daseins.

Dann „überläßt Gott ihn seinen Gelüsten . . ." (Röm. 1,25).

23. 4. 1945

Der Erörterung des CHARAKTERS DER THEOLOGIE wird als Axiom der Satz zugrundegelegt: *Es gibt keine Wissenschaft von den Einzeldingen.*

Zunächst einmal: Das Axiom trifft nur dann zu, wenn man „Wissenschaft" in einem bestimmten Sinne, nämlich als die Erfassung des Allgemeingültigen nimmt, wie das in vollkommenster Form durch die Mathematik geschieht. Die Neuzeit hat aber erkannt, daß auch das Konkrete den Gegenstand der geordneten Erkenntnis bilden kann. Wissenschaft ist die Bemühung, einen bestimmten Gegenstandsbereich mit der ihm gemäßen

Methode zu erforschen, und es gibt auch jene, die sich auf den Gang der Geschichte und, innerhalb ihrer, auf die konkrete Persönlichkeit und deren Leben richtet.

Entsprechendes gilt für die Theologie. Ihr Gegenstand hat Seiten, die Allgemeinheitscharakter tragen: Wesenheiten, Ordnungen usw. Ihr Gegenstand hat aber auch – und vor allem – solche, die den Charakter des „singulare", der konkreten Einmaligkeit tragen: der lebendige Jesus Christus, der in ihm sich offenbarende Gott, die von Gott geführte Heilsgeschichte, die Kirche als unableitbare Sondergestalt, das Endschicksal der Menschen. Nach der Scholastik scheidet die Theologie das einmalig Konkrete an alledem aus und beschränkt sich auf die Erfassung der in allgemeinen Urteilen ausdrückbaren Zusammenhänge. Damit nimmt sie aber einen Charakter an, der sich zwar durch die Gegebenheitsform des Gegenstandes (Offenbarung und Autorität) sowie durch dessen Überbegreiflichkeit von der Philosophie unterscheidet, jedoch im übrigen sich zu dieser verhält, wie die höhere Stufe zur tieferen . . . In Wahrheit ist aber das „singulare", das heißt, das Konkret-Einmalige, etwas, was man vom Gegenstand der Theologie nicht weglassen kann. Ja, in ihm besteht gerade das Eigentliche: daß Gott nicht nur das absolute Wesen, sondern Er-Selbst; daß Christus nicht nur die Realisation der Gottmenschlichkeit, sondern der Geschichtlich-Einmalige ist usw.

Also muß es auch eine theologische Methode geben, welche versucht, gerade dieses Moment zu erfassen und aufzuhellen. Diese Aufgabe ist gerade heute dringlich. (Siehe meinen Versuch „Das Wesen des Christentums".)

23. 4. 1945

Wenn Wissenschaft das ist, was das Wort in der natürlichen Sphäre bedeutet – ist dann Theologie überhaupt eine Wissenschaft? Die Frage wird dadurch erschwert, daß „Wissenschaft" in der Regel als die einzige wertvolle Form geordneter Erkenntnisse angesehen wird. Wenn also Theologie eine solche Erkenntnis und zwar die höchste und wichtigste sein soll, muß sie eben Wissenschaft sein . . . Ferner haben Subjektivismus, Pragmatismus und Erlebnistheorien aller Art die Frage in einer Weise beantwortet, die sie von vornherein verdächtig gemacht hat. Trotzdem besteht sie.

Müßte man nicht für die Theologie eine eigene Erkenntniskategorie bilden, die ihren qualitativen Charakter ausdrückt? Etwa, sie sei jene methodische Erkenntnisbemühung, welche den Raum öffnet und sichert, in welchem die Offenbarung frei, voll und ohne jede Angleichung an innerweltliche Maßstäbe reden kann?

24. 4. 1945

Über den VIERFACHEN SINN DER SCHRIFT

1. den wörtlichen oder geschichtlichen; 2. den allegorischen oder geistigen (Hinweis des Alten Testaments auf das Neue); 3. den tropologischen oder moralischen; 4. den anagogischen oder mystischen (Hinweis der irdischen auf die ewige Welt).

Der Gedanke geht von der richtigen Überzeugung aus, daß das Wort Gottes, als Ausdruck ewiger Wahrheit, Schichten des Sinnes hat, die den optischen Schichtungen des gläubigen Daseins entsprechen.

Wie kann aber von diesen Schichtungen in einer zuverlässigen Weise gehandelt werden? Historisch gesehen, war die Methode der verschiedenen Schriftsinne ein Mittel, um von den konkreten Aussagen der Schrift zu einer systematischen Theologie vorzudringen. Darüber hinaus war es eine Form unverbindlicher frommer Auslegung, womit der Meditierende religiöse Gedanken mehr oder weniger an den Text anknüpfte. Ob es aber nicht auch eine ernsthafte Verwendung des Gedankens gibt?

24. 4. 1945

EINLEITUNG

„Wir werden handeln von Gott; von der Hinbewegung des vernünftigen Geschöpfes zu Gott; von Christus, welcher für uns der Weg zu Gott ist." Damit ist der Entwurf zur *Theologie* gegeben und zwar *in der Form eines abstrakten Systems*.

Dabei wird aber ganz von dem realen Wege, den die gläubige Erkenntnis sowohl geschichtlich wie auch, meistens, individuell nimmt, abgesehen. Sie geht nämlich nicht von „Gott", sondern von Christus aus. Erst durch Ihn wird Gott deutlich; ebenso wie auch erst von Ihm aus deutlich wird, was der Mensch und die Welt ist. Das könnte als eine bloß formale Sache erscheinen; in Wahrheit hängt daran der ganze Charakter der Theologie. Welcher Weg gegangen wird, entscheidet über die Frage, ob die Theologie als abstraktes, nach der Art des Philosophischen gebautes System, oder als Verdeutlichung jener Wirklichkeit und jenes Geschehens aufgebaut wird, im konkreten Offenbarungsvorgang erscheint und durch die heilige Schrift bezeugt wird.

28. 4. 1945

Es wird die Frage erörtert, ob „Gott durch sich selbst bekannt sei" oder aber erschlossen werden müsse. Durch sich selbst bekannt sind die logischen Axiome, von denen man nicht denken kann, daß sie nicht seien. *Von Gott* aber, geht der Gedankengang weiter, *kann man denken, daß er nicht sei*. Als Beweis dafür wird Ps. 5.2,2 angeführt: „Der Tor spricht in seinem Herzen, es ist kein Gott."

Kann man wirklich denken, Gott sei nicht? Man kann es behaupten; kann man es aber inhaltlich vollziehen? Kann man davon überzeugt sein? Ich glaube, nein. Und was das Psalmwort angeht, so wird es zu Unrecht als Beweis angeführt, denn es bedeutet keine Aussage, sondern einen Ausdruck der Empörung. Es ist ein in logische Form gekleideter Akt des Willens oder Affekt.

Wir sind endlich, und alle Dinge um uns her sind es. Die Erfahrung dieser Endlichkeit bildet die Grundlage unseres Daseinsbewußtseins. Endlichkeit wird unmittelbar als nicht in sich selbst begründet erkannt – und nun kann man fragen: Ist sie nicht mehr als das? Wird die Endlichkeit nicht ohne weiteres als Geschaffenheit erfahren? Ist die Geschaffenheit nicht eine Grundqualität alles uns zugänglichen Seins? Und ist mit der Geschaffenheit nicht ohne weiteres auch die Tat des Schaffenden gegeben? Ist das nicht jene Tatsache, die der Römerbrief meint, wenn er 1,20 sagt, daß an den Dingen als „an seinen Werken von Erschaffung der Welt her sein unsichtbares Wesen durch das Denken geschaut werde, nämlich seine ewige Kraft und Gottesgüte?"

Einen Satz, wie den oben angeführten, würde die Schrift kaum aussprechen. Augustinus auch nicht . . . Den Satz, Gott sei nicht, kann der Mensch nicht in der Form einer Überzeugung, sondern nur in der einer Auflehnung aussprechen.

Etwas anderes kommt hinzu. Wahrscheinlich könnten wir überhaupt keinen wirklichen Sinnverhalt, keine Wahrheit vollziehen, wenn uns nicht innerlich, vom Logos her, durch die Tatsache unseres Geschaffenseins, das Bewußtsein vom Sinn der Dinge influiert würde. Wenn wir nicht beständig, auch ohne es zu wissen, die Berührung des ewigen Sinnes erführen. Es ist das, was Augustinus die „influentia lucis aeternae" nennt.

Die eigentliche Alternative heißt nicht: Entweder ist Gott durch sich selbst bekannt, wie die Axiome es sind, oder Er muß durch Schlußfolgerung bewiesen werden – sondern es gibt noch andere Gegebenheitsformen, die mit dem Wesen der Endlichkeit selbst gegeben sind und unmittelbar aufgefaßt werden können, sobald der Mensch nicht widersteht. Dazu aber gehört das Dasein Gottes.

28. 4. 1945

Ergebnis der Erörterung: Die Erkenntnis, Gott sei, bildet eine Voraussetzung des Glaubens. Sie ihrerseits geht durch natürliche Schlußfolgerung aus der Erkenntnis der Weltdinge hervor . . . Ist das wahr?

Die oben abgewiesene Aussage: man kann behaupten, Gott sei nicht, und die hier gemachte: die Erkenntnis Gottes ist Sache natürlicher Schlußfolgerung – scheinen beide von der gleichen Art zu sein und einander zu bedingen.

Demgegenüber: Man kann nicht mit Überzeugung behaupten, Gott sei nicht. Andererseits: Die Erkenntnis Gottes geht aus einer *unmittelbaren religiösen Grundwahrnehmung* hervor, die auf dem Charakter der Geschaffenheit der Dinge und auf der Präsenz Gottes in den Dingen, vor allem aber im eigenen empfänglichen Innern ruht. Sie kann nur durch Auflehnung verdeckt, aber nicht durch Überzeugung geleugnet werden und bildet, wenn aufrichtig zugelassen, bereits den Beginn des Glaubens . . . Sagen wir besser mit Augustinus: Sobald der Mensch bereit und daher dem Willen nach gläubig ist, wird jene Grundwahrnehmung frei, um dann, wenn der wirkliche Glaube da ist und wächst, immer freier zu werden. Sind Bereitschaft und Grundwahrnehmung nicht da, dann helfen alle Beweise nichts.

30. 4. 1945

Der Artikel ist von klassischer Klarheit. Er enthält fünf GOTTESBEWEISE: den aus der Bewegung, das heißt dem Werden und der Veränderung; den aus der Kausalität; den aus dem Dasein des Nichtnotwendigen; den aus den Wert- und Seinsstufen; den aus der Teleologie.

Der vierte gehört offenbar nicht in die Gruppe, da er einem anderen Denktypus, dem platonisch-augustinischen angehört. Die anderen vier aber lassen sich alle auf einen einzigen reduzieren, nämlich auf den *Gottesbeweis aus der Kausalität*.

Nun müßte man eine *zweite Gruppe* von Gottesbeweisen anschließen, nämlich die *aus dem Wesen des Gültigen:* aus dem Charakter der Wahrheit der ideologische, aus dem der ethischen Verbindlichkeit der nomologische.

Sie repräsentieren einen eigenen Typus und gehen etwa so vor sich: In der zufälligen, aber sinnhaltigen Gegebenheit wird das Wesentlich-Notwendige aufgefaßt. Dieses Wesentlich-Notwendige wird unmittelbar als absolut erkannt. Diese Absolutheit weist ihrerseits auf das schlechthin Absolute zurück. Sobald der Begriff des Schlechthin-Absoluten in seinen Konsequenzen durchgedacht wird, gelangt man zum geistig-personalen Gott.

Dann eine *dritte Gruppe,* die schwer zu formulieren, aber heute dringlich ist. Sie wird durch *die Gestaltlehre* nahegelegt, welche sagt, daß das ganze Dasein von unzähligen, einander durchwebenden Gestalten bestimmt wird. Die Vorgänge können nicht aus Einzelmomenten zusammengesetzt werden, sondern werden von übergreifenden Gestalten getragen, die scheinbar Unverbundenes miteinander verbinden. Zum Beispiel die Spinne und ihre organische Anlage; der unabhängig von ihr vorhandene Stützpunkt, an welchen sie ihr Netz heften kann und den sie nicht durch Erfahrung und Erziehung kennen lernt, sondern a priori beherrscht; die jeweils gegebenen Luftströmungen, Lichtverhältnisse usw.; die Organisationsform, Kraft, Lebensformen der Beutetiere, die sie fangen will. Alles das bildet ein vorgegebenes Ganzes . . . Oder die außerordentlich instruktive Darstellung Buytendijks vom Kampf des Mungo und der Kobra[1], worin deutlich wird, daß die einzelne Bewegung des kämpfenden Tieres zu der des anderen nicht im Verhältnis der Konsequenz oder des Reflexes steht, sondern mit dieser gleichsam ein Bewegungsganzes bildet, welches im Unterliegen des einen Tieres ausläuft.

Entsprechendes gilt beim Menschen. In ihm ist eine Existenzgestalt angelegt, aufgrund derer sein Wesen sich erst verwirklicht. Die Beziehungspunkte der Existenzgestalt sind der Mensch selbst, die Dinge, die anderen Menschen und endlich Gott. Natürlich ist Gott nicht nur ein Faktor in der Gestalt, sondern der Schöpfer. Wir sagen also besser, er hat den Menschen

1 Wege zum Verständnis der Tiere, o. D.; S. 188ff.

so geschaffen, daß seine Existenzgestalt sich von ihm zu den Dingen und den anderen Menschen, aber auch und absolut auf Ihn selbst hin erstreckt. Augustinus hat das klassisch in einem Satz zu Beginn der Confessionen ausgedrückt: „Auf Dich hin, o Gott, hast Du uns geschaffen" . . . Gestalten sind aber nicht nur vorhanden, sondern mächtig. Sie bringen sich zur Geltung, wie Augustinus es mit dem Worte ausdrückt: „Darum ist unser Herz unruhig, bis es ruhet in Dir." Das darf nicht in einem allgemein moralischen Sinn genommen werden. Es handelt sich um eine ontologische Unruhe; um die innerlich drängende Macht der Gestalt, die sich vollenden will und es nur kann, wenn ihr eigentlicher Zielpunkt, nämlich Gott, durch das rechte Verhältnis zu Ihm erreicht wird . . . Dieser Drang führt theoretisch zum Urteil: Gott ist; praktisch zur Ausrichtung des Lebens nach Ihm.

Die Gotteserkenntnis des Menschen ist also kein einseitiger Akt des letzteren. Wenn der Mensch Gott erkennt, bringt sich ebendarin Gott selbst zur Geltung. Es ist ein zweipoliger Vorgang; ein sich realisierendes Ganzes, eben eine Gestaltverwirklichung. Sie unterscheidet sich aber von den Gestalten, die das tierische Leben bedingen, dadurch, daß sie durch die Freiheit geht. Der Mensch kann sie hemmen und zerstören.

Dabei wäre genauer herauszuarbeiten, in welcher Weise Gott in diesem Zusammenhang steht, um dem Vorwurf zu begegnen, Gott werde in eine endliche Ordnung eingefügt . . . Auch müßte das Ganze auf eine klare theoretische Formel gebracht werden, die das Beweismoment darstellt.

Der Gedankengang wäre nicht nur deshalb wichtig, weil er den heutigen Problemen gemäß ist, sondern auch, weil er dem biblischen Denken so nahesteht.

Dazu käme *viertens* die unmittelbare *Perzeption des Numinosen:* der lebendigen Gegenwart Gottes in der von ihm geschaffenen Welt; vor allem im eigenen Innern, im religiösen Bewußtsein, im Gewissen. Hier vor allem die Gedanken Newmans.

Wichtig scheint mir dabei Folgendes: Ist eine wirkliche Überzeugung von Gott möglich, wenn wir nicht ein Berührtsein von Gott annehmen? Ruht nicht letztlich jedes echte Gottesverhältnis auf einer originären Gotteserfahrung? Nur müßte man wahrscheinlich den Begriff der „Erfahrung" dahin ausweiten, daß es nicht nur die bewußte, sondern auch die unbewußte Gottesberührung gibt, die aber beständig in die bewußte Haltung einwirkt. Damit würde man wichtige Einsichten der neueren Psychologie für die religiöse Erkenntnis nutzbar machen.

Als *fünftes* Moment käme das der *Tradition* – letztlich das Nachwirken der Uroffenbarung bzw. der ersten im Urzustande gemachten Erfahrung von Gott, die sich unauslöschlich ins Wesen eingegraben hat, in die Sprache eingegangen ist usw. und sich beständig zur Geltung bringt, auch wenn der Einzelne es nicht weiß.

Sechstens wären die *religiös-sittlichen Bedingungen* in der Haltung des Menschen zu erörtern: das Problem der Bedingungen der konkreten Erkenntnis, übertragen auf die religiöse: Wie muß der Mensch sein und sich halten, damit das dem göttlichen Gegenstande zugeordnete Organ in ihm offen werde und aufnehmen könne? Biblisch gesprochen, die Frage nach dem ,,reinen Herzen".

Endlich *siebentens* jene Einsicht, die bei Newman eine große Rolle spielt, nämlich die Tatsache, daß es für die Erkenntnis Gottes nicht so sehr auf einzelne isolierbare Gedankengänge, als vielmehr auf eine große Zahl nach derselben Richtung hindeutender Hinweise, eine *Häufung von Wahrscheinlichkeiten*, eine *Konvergenz von Sinnlinien* ankommt, welche, wenn die persönliche Erfahrung hinzutritt, die Überzeugung zustandebringt.

24. 4. 45

Axiom, von welchem aus die Gotteslehre aufgebaut wird: ,,Was Gott ist, können wir nicht wissen." Der Satz ist sicher richtig. Grundwahrheit alles rechten Redens über Gott ist die Überzeugung, daß er in jeder Hinsicht unser Vermögen übersteigt – ja, daß er wesenhaft Geheimnis ist.

Das ist aber nur die eine Seite dieser Grundwahrheit. Die andere lautet: Wissen, wirklich innesein, ,,was etwas ist", können wir nur von Gott. Er ist der wesenhaft Fremde, der absolut Andere; er ist aber auch derjenige, dem alles verwandt ist, der zutiefst Nahe, eben ,,Er".

30. 4. 45

Der Einwand sagt: ,,Es bedarf Gottes nicht, denn alles, was Naturhaftes geschieht, geht auf die Natur zurück; alles, was durch Wollen geschieht, geht auf den freien Willen zurück." Hier wird *das moderne Grundgefühl* gestreift, daß *die Natur eben das Letzte* ist. Thomas antwortet dadurch, daß er die Naturursache an der Kategorie der absoluten Ursache mißt, wodurch sie dann als unzureichend erscheint.

Die Wendung, die im neuzeitlichen Gefühl vor sich gegangen ist, lautet aber: Das, was alles bewirkt, mangelhaft und allgenügend, widerspruchsvoll und einheitlich zugleich, ist eben ,,die Natur" und das Letzte. Logisch ein Unsinn; dieser Unsinn drückt aber eine Grunderfahrung aus, die die ganze Neuzeit trägt und die mit logischen Argumenten nicht wegzuschaffen ist.

30. 4. 1945

„Auf dieser Linie (d. h. der Verursachung) kann man aber nicht ins Unendliche zurückgehen, denn dann wäre nichts, was den ersten Anstoß zur Bewegung (Veränderung) gäbe."

Für Thomas ist diese Begründung evident. Es ist aber wichtig, zu sehen, daß zwischen seiner Zeit und der unsrigen eine Veränderung vor sich gegangen ist. *Das neuzeitliche Erlebnis* der Natur hat sich vollzogen, und der Begriff der Natur ist in das Denken eingetreten. Diese Natur ist ein Phänomen eigener Art, nicht in einwandfreie logische Aussagen zu fassen. Sie ist der Inbegriff der erfahrbaren Dinge. Sie besteht aus Endlichem und ist doch nicht zu begrenzen. Sie hat bestimmte Erscheinungsformen und Maße und ist doch unerschöpflich. Ihre Erscheinungen sind begrenzt, sie selbst aber ist durch keine Grenzen einzufassen. Die ist endlich-unendlich, zeithaft-anfangslos und endlos . . .

Der Logiker nennt diese Aussagen Unsinn und hat recht. Sie beziehen sich aber auf eine Erfahrung, die vom ausgehenden Mittelalter ab immer wieder gemacht wird und mit einwandfreien Aussagen nicht ausgedrückt werden kann. Diese Tatsache kennt Thomas nicht, und das scheidet ihn von uns.

Was bewirkt dieses Erlebnis in religiöser Beziehung? Daß der Schritt über die Natur hinaus, den Thomas als zwingend ansieht, nicht mehr zwingend ist, wenn man demjenigen, der von ihm ausgeht, sagt: diese Wirkung hier geht auf eine Ursache zurück; letztere wieder auf eine andere usw., also muß es eine erste Ursache geben – dann antwortet er: Das ist nicht nötig. Die Natur ist das, was überall verursacht ist und doch als Ganzes in sich selber steht . . . Den Versuch, diesen Widerspruch zu rechtfertigen, hat Kant mit seiner Lehre von den Aporien der Erfahrung und mit seiner Trennung der Gegebenheit in die Welt der Natur, der Freiheit und des Religiösen unternommen.

Inwiefern ist dieses Erlebnis falsch? Um das sagen zu können wird man zuerst fragen müssen, was an ihm richtig sei.

Jedenfalls ein besonderes Ernstnehmen der Welt und der Verantwortung des Menschen für sie. Diesem Richtigen muß man Raum schaffen; dann wird man das Unrichtige besser sehen. Die Wurzel des Ganzen liegt wahrscheinlich im Willen, sich von Gott zu emanzipieren, die Welt in sich selbst zu stellen und zu verschließen.

30. 4. 1945

„Was *die Materie* ist, ist sie in der Potenz." Das heißt, die Materie ist reine Möglichkeit, reine Bestimmbarkeit. In sich selbst ist sie zwar kein Nichts, aber auch kein qualitativ nennbares Etwas. Alles, was sie ist, empfängt sie durch die Form.

Hier liegt das Charakteristikum der aristotelischen Scholastik: ein extremer Maskulinismus. Welche Konsequenzen, wenn man bedenkt, daß diese Scholastik das ganze offizielle kirchliche Denken und durch das kirchliche das ganze abendländische Denken überhaupt bis in die Neuzeit hinein bestimmt!

11. 5. 1945

Der methodische Ausgangspunkt des theologischen Denkens in der ‚Summa'.

Schon nach kürzerer Beschäftigung mit ihr kommt dem Leser die Frage: Wovon geht eigentlich dieses Denken aus? Wie ist ihm sein Gegenstand gegeben? Wo findet es ihn? Wie stellt es ihn in wissenschaftlich sich rechtfertigender Form fest und wie entwickelt es ihn?

Nach der Lehre der rezipierten Theologie sind die Quellen des theologischen Denkens Schrift und Tradition. Das würde also bedeuten, daß jeweils festgestellt würde, was Schrift und Tradition sagen, und ihr Inhalt dann nach irgendwelchen methodischen Gesichtspunkten entwickelt würde. Überraschend ist nun, daß Thomas, streng genommen, weder die Schrift noch die Tradition wirklich befragt. Die Sätze, die sowohl in den Opposita wie in den Fundamenta aus Schrift und Tradition angeführt werden, sind, methodisch gesehen, ganz zufällig. Was die Schrift als Ganzes über die Frage sagt und wie die christliche Tradition darüber denkt, wird nicht untersucht. Ja, es wird nicht einmal aus den angeführten Sätzen selbst heraus argumentiert. Die Sätze haben vielmehr den Charakter einer autoritativen Deckung und könnten, streng genommen, wegbleiben.

Woraus wird dann der Stoff geschöpft? Die nächstliegende Antwort lautet: aus dem Bewußtsein der Kirche. Dann müßte aber die Tatsache des Quellencharakters dieses Bewußtseins wissenschaftlich festgestellt und sein Inhalt methodisch herausgehoben werden. Es müßten also die Entscheidungen der Kirche angeführt, das Bewußtsein der Liturgie untersucht werden usw. Auch das geschieht nicht.

Was geschieht also? In Wahrheit arbeitet die Summa ganz naiv aus dem Glaubensbewußtsein des Mannes Thomas von Aquin heraus, der seinerseits aus dem Glaubensbewußtsein der Kirche lebt und sich von ihm normiert weiß. Diese Tatsache selbst bleibt aber unerörtert.

TEIL II

Pfingsten 1953

Ich habe schon sehr oft versucht, ein TAGEBUCH zu führen. So manche Dinge gehen mir durch den Kopf, und so vielerlei Menschen begegnen mir; mein Gedächtnis aber war immer schlecht und wird nur noch schlechter. So sollte ich versuchen, einiges festzuhalten. Es ist mir aber nie lange gelungen. Meine Geschichte scheint mir im Grunde gleichgültig zu sein.

Heute habe ich begonnen, das „Journal" von Julien Green zu lesen, das mir Frau M. Rolland geschickt hat. Da kam der Gedanke wieder, und ich will es noch einmal damit versuchen. Vielleicht kommt es auf die Form an: jenes Mittelmaß des Immer-Möglichen zu finden, das weitergeführt werden kann, ohne den Tag zu sehr zu belasten.

Las heute einen Aufsatz von Cl. Münster im „Hochland" über „die Fernübertragung des Meßopfers". Ein richtiger Warnruf. Daraufhin rief ich an, ob man nicht eine größere Sache darüber hinausgeben solle, von Laien geleitet, die deutlich machte, worum es da geht.

Manchmal habe ich das Gefühl, in meinem Leben gehe wieder einmal ein Abschnitt zu Ende. Ob ich mich nicht emeritieren lassen solle und mich für spontanere Arbeit frei machen? Daß ich den Auftrag des Europarates für die römischen Gespräche, dann die Einladung La Piräs nach Florenz, und endlich den Vortrag vor der Generalversammlung der „Hüttenleute" in Düsseldorf ablehnen mußte, war eigentlich nicht in Ordnung. Aber meine Gesundheit erlaubt nicht beides, Universität und das.

Wer weiß, vielleicht im nächsten Frühjahr.

Vielleicht im Zusammenhang mit den Plänen des Oratoriums für München-Gern?

Diese Pfingsten bin ich nicht in Rothenfels . . . Ob sich da alles ablöst oder doch etwas Festeres knüpft? Auch das hängt mit der Frage nach dem „Abschnitt" zusammen.

Gestern abend herzliche Freude an den „Très riches heures du Duc de Berry" – d. h. an den Blättern von Pol de Limburg. Die Eleganz und zugleich Intensität des französischen Mittelalters.

Pfingstmontag 53

Heute morgen im Englischen Garten gewesen. In dem Teil nach Norden zu. Es war wunderschön, in all dem frischen Grün, noch jung vor dem Sommer. Die Wiesen voll Blust, ungemäht. Der Pirol hat gerufen.

Welch eine Anwesenheit, solch ein Baum! Er ist allemal eine Welt; geht in die Tiefe hinab, steigt auf, greift in den Raum hinaus. Ist still und lebt.

Habe lange auf einer Bank gesessen und meinen Vortrag für die Gedächtnisfeier für Bernhard v. Clairvaux durchgedacht.

Nachmittags habe ich ihn zu diktieren versucht und bin ganz in Wirrnis gekommen. Ziemlich entmutigt. Über ein Einzelmoment aus der Div. Com. zu sprechen, ist schwer. Man muß immer das Ganze präsent bringen. Ich glaube eine solche Riesenmacht von Einheit gibt es in der Literatur nur dieses eine Mal.

26. 5. 53

Je älter ich werde, desto größer wird das Geheimnis in allem. Auch im Glauben. Eins besonders: warum hat Gott die Welt erschaffen?

Aber auch etwas anderes geschieht: das Geheimnis wird bewohnbar.

Am vergangenen Freitag über den Gedanken gesprochen, den ich zuerst am 6. 1. beim Zusammensein zu Heinrich Kahlefelds 50. Geburtstag dargelegt hatte: die Liturgische Bewegung hat zuerst die restaurative Phase durchlaufen (Solesmes); dann die akademische (Maria-Laach, Beuron, Akademikerverband); dann die realistische (Rothenfels, Leipziger Oratorium, Klosterneuburg) – jetzt tritt sie in die paedagogische: ob der heutige Mensch die tradierten Texte und Agenden überhaupt realisieren könne?

Seit 1950 steht vor mir die alte Kopie (denn eine solche ist es wohl; aber eine alte) der französischen mittelalterlichen Madonna. Nur diese haben in sich die Einheit des Königlichen, des Heiligen und des Schönen. Es ist jedesmal eine Freude, sie anzusehen.

27. 5. 53

Heute war der Bischof Enrique Rau von La Plata (Eva Perón), Argentinien hier. Ich hatte mich bereit erklärt, zu ihm zu kommen; er legte aber Wert darauf, selbst hier zu sein. Das Gespräch war gut – mit der leichten Befangenheit, die sich einstellt, wenn man über so große Unterschiede der Situation hinweg zu einander spricht.

Ich merke, daß ich ein alter und anerkannter Mann bin. Früher, als man festzustehen hatte, war es schöner.

Aber ein Bischof ist für mich immer eine gern und von Herzen verehrte Verkörperung kirchlicher Autorität. Es ist schön, legitime Autorität ehren zu können. Denen, die das nicht tun, fehlt Wesentliches.

Gestern abend, im Gespräch über die geplante Schrift bei Dr. Münster, wurde mir wieder bewußt, wie frei der katholische Geist ist. Nicht im äußerlichen Sinn; da ist viel Enge; aber innerlich, richtiger gesagt, ontologisch, deshalb, weil er sich in der Wahrheit der richtig erscheinenden Daseinswirklichkeiten bewegt. Es ist ein wesentlicher Schritt, das zu realisieren.

Die Königin von England hat es abgelehnt, den eigentlichen sakramentellen Krönungsakt der Fernseh-Apparatur zu übergeben. Ein kostbarer Trost in unserer verpöbelten und mechanisierten Zeit. Dadurch hält sie den Vorgang heilig und wirksam.

Das ist eine wirkliche Frau, und wirkliche Königin.

Und welche Lehre für die katholischen Aktivisten! Aber sie werden sie nicht annehmen.

Lese im Zusammenhang Th. Mann. Jetzt gerade den Band kleinerer Erzählungen.

Ich bewundere ihn, und er ist mir zuwider.

Gestern abend war P. Pius Duployé hier. Es ist jedes Mal eine Freude, ihn wieder zu sehen.

Über vieles gesprochen. Vor allem über das ,,Foyer Jean Christophe", das Frau Rolland in ihrem Hause einrichten will. Es soll dem Austausch zwischen französischen und deutschen Studenten dienen und von einem Komitee der Pariser und Münchener Universitäten geleitet werden. Sehr schöner Gedanke; die Ausführung wird von dem Einen abhängen, der sich dafür einsetzt. Es ist immer Einer, der das wirklich Gute macht.

Heute abend Besuch vom ital. Generalkonsul Luigi Silvertrelli gehabt. Ein sehr kluger, interessierter und sympathischer Mann. Besonders über den Protestantismus gesprochen, der ihm als italienischem Katholiken merkwürdig vorkommt.

Freitag, 29. 5. 53

Endlich den Entwurf für den Vortrag zum Gedächtnis des heil. Bernhard – 800. Todestag – diktiert: über seine Gestalt in der ,,Göttlichen Komödie". Noch viel daran zu tun.

Heute abend im Film ,,Letztes Wochenende" von René Clair. Nicht sehr gut. Der Albdruck, der herrschen sollte, kommt nicht heraus. Und was herauskommt, wird durch die Synchronisierung verdorben, die allem den Klang der Vereinsbühne gibt.

Wenn man sich noch irgend Illusionen über die Kulturfähigkeit des heutigen Filmpublikums machen sollte, muß man auf sein Lachen achten. Es ist unfähig zur Unterscheidung, stumpf gegen Feineres und entschlossen, keinen Ernst an sich heranzulassen.

Samstag, 30. 5. 53

Heute nacht habe ich Asthma gehabt. Über zwei Jahre hat es mich in Ruhe gelassen, nun ist es wieder da.

Es ist schlimm. Man könnte jede Krankheit als einen Durchblick auf den Menschen hin verstehen, freilich mehr negativo. In jeder – ich meine in den wichtigsten, sozusagen wesentlichen Krankheiten erscheint der Mensch in der Form der Bedrohtheit, etwas Besonderes seines Wesens offenbarenden Bedrohtheit.

Das Asthma ist Bedrängnis, Einengung mitten in der Weite des Raumes. Überall ist Luft, aber der Eingeengte bekommt keine. Im Menschen ist die Enge . . .

Um so mehr freut mich jetzt ein Rosenkranz, den ich gestern erworben habe: pastellblau facettierte Perlen und schön-graues Filigran.

Blau ist überhaupt Freude. Blau erquickt.

Sonntag, 31. Mai 1953

Viele Dinge wären zu schreiben. Das ist die Schwierigkeit bei einem Tagebuch, wenn man nicht daraus eine Hauptsache machen will. Was soll man schreiben, wenn man nicht will, daß es einem zur Last wird, so daß man es nach einiger Zeit aufgibt?

Ich muß noch die Form finden.

Dieser Tage war das Asthma wieder da; ich sagte es schon. Gestern abend hatte ich aber ein seltsames Erlebnis. Ich war bei der Complet, und als ich die Worte der Oration sprach: ,,Visita quaesumus, Domine, habitationem istam" löste sich der Druck. Wer wollte von Ursächlichkeiten sprechen; aber das Leben ist ein Ganzes. In diesem Augenblick kam beides zusammen, und war ein Zug in der Gesamtgestalt, und es war sehr tröstlich.

Glauben bedeutet wohl, mit Hinsicht auf das eigene Leben, immer das Ganze zu sehen.

Auch das ist ein Zusammenhang, daß man in den Lebensbereich eines Menschen tritt und daraufhin im eigenen Leben etwas Entsprechendes geschieht.

Ich hatte im Buche Werfels über Bernadette gelesen, die ja so furchtbar am Asthma gelitten hat. Dann löste sich das meine, und es ging auch die Verschlossenheit des bloß Vordergründigen auf, und das Heilig-Eigentliche ließ sich ahnen.

Alles darf nicht grob kausal gedacht werden – weder positivistisch, noch supranatural. Es ist ein Ganzes, Vorsehung, vom Gnadengrund her verbundenes christliches Dasein. In einem solchen Augenblick sieht man einen Zug in dem großen Gewebe des heiligen Ganzen.

Heute in St. Ludwig habe ich versucht, den Punkt deutlich – ein klein wenig deutlich zu machen, der für mich immer mehr zum Punkt des Ärgernisses und des Glaubens wird: Warum Gott, der Herr, der keines Dinges bedarf, die Welt geschaffen hat – bis zur Menschwerdung; bis zur eigensten tiefsten, ewigen Beteiligung . . . Der Inhalt der Offenbarung! Wenn man das begriffe – nein, denn da gibt es kein Begreifen; wenn man darin Wurzeln schlagen könnte, wäre alles gut. Alles.

Vielleicht glückt es mir, die Auslegung des Vater-Unsers, an der die Sonntag-Ansprachen arbeiten, zu einem „Handbüchlein des Glaubens" zu entwickeln. Ohne den Zwang des Systems, und doch alles Wesentliche enthaltend.

Manchmal denke ich, es müßte eine wunderbare Befreiung sein, sagen zu dürfen: ich brauche nichts mehr zu schreiben. Es ist genug.

Aber es geht nicht. Das Größte ist ja noch zu leisten: die Ethik; die große Glaubenslehre, das Buch über die Offenbarung; die Meditationen über die Kirche, die zehn Gebote und das Herrngebet . . . Und dann sind da die Vorlesungen über die Göttliche Komödie und das Lesebuch über Gott . . .

Was für ein Leben führe ich . . . Immer nur reden und schreiben . . . Und dahinter das, was der Preis dafür ist . . . Einmal wird aber wohl alles klar werden und das Leben beginnen dürfen.

Montag, 1. Juni 1953

Es ist noch nicht lange her, seit mir aufgegangen ist, daß Gott einen Namen hat, und daß dieser Name lautet: „Der da ist." Das Sein, esse, Wesen und Wirklichkeit ist kein Allgemeinbegriff, sobald man es in seinem vollen Sinn nimmt. Es ist ein Name, Seiner. Wenn jemand – töricht – fragte: was gibt es? was ist? einfachhin? – würde die Antwort lauten: Gott. Welche Konsequenzen – und welcher Inbegriff aller Bitten: „Steh auf, o Herr, in mir!"

Heute war es ein böser Tag. Nachdem ich das Vorstehende geschrieben hatte, wurde die Depression, die bereits begonnen, rasch immer schlimmer. Wie eine innere, und auch körperliche Auflösung. Arbeit war unmöglich. Alles war sinnlos. Nach der Ruhe nach Tisch ging es weiter. Was hätte ich gegeben, um nicht zur Universität zu müssen! Die Vorlesung war eine Gewaltsache; wie sie geworden ist, weiß ich nicht. Nachher war es besser. Abends ging ich in einen italienischen Film: „Quattro passi melle nuvole." Als ich nach Hause ging, kam ein Mädchen vorüber und sang mit schöner Altstimme.

Solche Tage habe ich nicht sehr selten. Böse Tage.

Mittwoch, 3. Juni 53

Morgen ist das Fest Corporis Dei. Seit ich mich erinnern kann, macht mir der Kult der Eucharistie – nicht die Messe – Schwierigkeiten. Ich verstehe die Heraushebung nicht, die Fixierung.

Was bedeutet das Fest der Eucharistie? Jede Messe ist doch ein Fest. Wie kann man das Fest eines Festes feiern? Das Ereignis der Stiftung aber wird – mit wunderbarer Diskretion – am Gründonnerstag gefeiert.

Ich stehe noch unter dem Eindruck, den der „Numéro spécial" des „Bulletin" der „Jeunesse de l'Eglise" auf mich gemacht hat. Er war mir zugeschickt worden. Er enthält die Darstellung von Maurice Montuclard, wie sich seine Laisierung zugetragen hat, zugleich mit einigen Dokumenten.

Der Ton ist schön, vornehm, ehrerbietig und tief beteiligt. Was mich aber betroffen hat, ist, daß ich zum ersten Mal die innere, geschichtliche Möglichkeit des Kommunismus empfunden habe. Wie wenn auf einmal alles in Frage gestellt wäre.

Sonntag, 7. 6. 53

Vergangenen Donnerstag bin ich nach Mooshausen gefahren und gestern abend zurückgekommen. Es war schön und voll von einem ruhigen Einvernehmen. Das Wetter war meistens gut, und wir haben viel im Garten sitzen können. Das sind Stunden, in denen man sich fragt, warum man eigentlich den Unsinn der Stadthetze mitmacht. (Deshalb tut man es, weil man nicht Originalität genug hat, um ein tüchtiges Werk ohne die Stimulation der Stadt tun zu können.)

M. El. St. war auch da. Sie ist ein kostbarer Mensch, echt und rein, wie ich kaum einen anderen kenne. Wie konnte das Venio sie wegtun? Es ist wie ein „signum obcaecationis".

Als ich in mein Zimmer eintrat, habe ich wieder sehr an die zwei Jahre gedacht, die ich 1943–45 dort verbracht habe. Welch ein Unterschied gegenüber Berlin! Manches Schwere, besonders die schreckliche Krankheit von M. B., die ja dann starb, als ich in Tübingen war. In den beiden Jahren habe ich „Freiheit, Gnade, Schicksal" geschrieben, d. h. seine letzte Redaktion – ich glaube, die achte – und, ebenso in letzter Redaktion, das „Jahr des Herrn".

Heute ist meine Ansprache in St. Ludwig auf Band genommen worden – ohne Zweck; nur um sie zu haben. Münster war so freundlich, das anzubieten. Ich habe mich durch das Mikrophon daher in keiner Weise behindert gefühlt. Merkwürdiger Gedanke, daß nun diese Ansprache, die ganz spontan war, im Archiv des Rundfunks liegt!

Man hat die „Bezwingung" des Himalayagipfels als „Geschenk" der Königin von England dargebracht. Was hätte ein Goethe dazu gesagt? Oder ein Aischylos? Daß nun auch der „Thron der Götter" entweiht ist? Eine Sache der Technik und ein Objekt der Vermessung?

Gibt es noch Unbetretenes? Unbetretbares? Grundsätzlich? Vom Gefühl der Verwehrtheit geschützt?

„Der Tod in Venedig" – der ganze Band „Erzählungen" von Thomas Mann – immer die gleiche, trostlose, zerstörte Welt. Aber ich verstehe darin jeden Satz.

Dienstag, 9. 6. 53

Gestern abend den reizenden Film „Antoine et Antoinette" gesehen. Genau das, was man im richtigen Kino sucht.

Besonders charmant ist das Lächeln, mit dem die junge Antoinette ihren Mann ansieht. Lieb und überlegen zugleich. Was bedeutet aber diese Überlegenheit – mit der jede rechte Frau den Mann ansieht? Ist nicht ein gut Stück davon die radikale Fremdheit zwischen den Geschlechtern?

Die Welt der Lagerlöf ist voll Zauber. Man geht immer wieder gern in sie zurück. Ich fürchte aber, darin ist weder das Heidnische richtig noch das Christliche, sondern es ist ein Gemenge.

Ich glaube, es wäre gut, jeder Geistliche würde sich einmal gründlich darüber klar, wie der Antiklerikalismus entsteht. Die elementare Auflehnung gegen Atmosphäre und Wirksamkeit des etablierten, kompakten geistlichen Standes – selbst des guten! Er würde viel vermeiden können.

Mittwoch, 10. 6. 53

Das Ethikkolleg ist auch in diesem Semester noch so besucht wie früher. Jetzt das sechste, und immer mehr als 650 Hörer – denn so viele Sitze sinds, und es stehen immer welche.

Heute, im Kolleg, beim Sprechen über den neuzeitlichen Naturbegriff und seinen Wandel kam mir eine wichtige Einsicht – wenigstens scheint es mir so. Im Lauf der Neuzeit wird die Natur zum göttlichen All . . . Sie sorgt, sie will, sie hat Weisheit und Macht. Sie hat eine Art Subjektivität . . . Der Mensch ehrt sie, vertraut ihr . . .

Das ändert sich. Der kommende – und schon der heutige – Mensch nimmt sie nur als Objekt, als Werkraum und Werkstoff.

Für diese ,,Sachlichkeit" übt sie – Gott – furchtbare Vergeltung. Darin dämonisiert sie sich. Die Atombombe ist selbst schon die Rache . . . Der Mensch verfällt ihr in einer neuen Weise.

Freitag, 20. Juni 53

Gestern Jahresversammlung der Akademie. Preetorius Nachfolger von Hausenstein als Präsident. Ich mußte immer wieder daran denken, daß ich es hätte sein können, der dastand. Aber ich war froh, daß ich es nicht war.

Adorno hat im ,,Merkur" einen Aufsatz über den Jazz veröffentlicht, in dem allerlei Gescheites steht. Aber man ist froh, wenn man durchgekommen ist. Es ist wie ein beständiges Dröhnen; eine Monotonie der Kritik aus einer bitteren Überlegenheit. Seine ,,Minima moralia" sind geradeso. Was man mir über seine Figur und sein Schicksal gesagt hat, macht es verständlich. Ob er aber weiß, wie sehr er sich decouvriert?

Fakultätssitzung: 30 oder mehr Professoren, also der These nach Männer des Geistes. Ich habe noch nie eine Sitzung erlebt, in welcher der Dekan hätte mahnen müssen, sich nicht in eine geistige Frage zu verlieren. Sicher sind die Sitzungen nötig. Man geht aber mit dem Gefühl des Zeitverlustes weg.

Sonntag, 14. Juni 1953

Heute, in St. Ludwig, mitten unter den vielen Menschen, stand an einem Pfeiler einer mit dem Hut auf dem Kopf. Das hat mir bei der Ansprache viel zu schaffen gemacht. Beinahe hätte ich etwas zu ihm gesagt. Zum Glück habe ich mich aber doch zurückgehalten.

Warum tut ein Mensch etwas Derartiges? Aus Trotz? Als Herausforderung? Aus irgendwelchen verqueren Gewissensprotesten oder Verlegenheiten? Oder weil er nicht normal ist?

Jedenfalls hat er bewirkt, daß ich immer wieder mich zusammennehmen mußte und allerlei Einzelheiten vergessen habe.

Gestern morgen in der Stadt kam mir der Gedanke, von dem aus ich meinen Beitrag zur Broschüre über die Fernsendung der Meßfeier schreiben könnte: das Wort von M. Stapp, in der Wochenschau habe sie angesichts einer Wiedergabe einer Prozession zum erstenmal wie der kalte Hauch des Zweifels berührt. Woher diese Wirkung? Weil die Eucharistie in den existentiellen Bezug des personal-wirklichen Gegenüber gehört, dieser aber hier fehlt.

Von Reinh. Schneider eine Anfrage erhalten, ob ich am Tag der Uraufführung seines Dramas „Innocenz und Franziskus" in Essen bei einer voraufgehenden Morgenfeier im Theater sprechen wolle.

Vielleicht tue ich es – der Sache und Schneiders wegen . . . Vielleicht über Armut und damit im Unterschied zur Armut Buddhas und der des Diogenes.

Meine Ansprachen hier sind in meiner Erinnerung mit dem Teil des Englischen Gartens verbunden, der auf der anderen Seite der Ausfallstraße Dietlindenstr.-Bogenhausen liegt. Ich denke sie am Samstag in der Regel dort durch. Wiesen, Wege und Bäume sind mit dem Denken und Suchen verknüpft.

Zwei Buchen sind da: eine gewaltige, daß man an den Weltenbaum denkt, und eine herrlich-schlanke, voll von schönen Formen.

Dienstag, 16. 6. 53

Ich habe mir vorgenommen, jeden Tag das „Veni Creator Spiritus" zu beten.

Jeder Vers darin ist voll tiefen Lebens.

Immer wieder berührt mich der erste der vierten Strophe: „Accende lumen sensibus . . ." Was für eine Vorstellung vom Menschen – und vom Pneuma: Die Sinne sind ja einfachhin der Mensch, der sehende und hörende und tastende . . . Hier kündigt sich der Mensch der Ewigkeit an, in dessen – nicht Seele, sondern in dessen Sinnen der heilige Geist leuchtet . . .

Der Satz ist tiefer als hundert Seiten Dogmatik!

Diese Sinne gehören zusammen mit dem Herzen, das gleich im nächsten Vers genannt wird: „infunde amorem cordibus . . ."

Ich weiß etwas davon, was die Sinne sind, seitdem mir Gehör und Gesicht nachläßt.

Mittwoch, 17. 6. 53

Heute nachmittag Rektorwahl.

Der Zettel, der den Namen des Gewählten trägt, trägt auch ein Kennwort, damit bei der Verlesung jeder Wähler, der ja weiß, welches Kennwort er aufgeschrieben hat, kontrollieren kann, ob sein Zettel dabei ist. Diese Kennworte waren meistens auf Witz frisiert – aber kein Mensch kann behaupten, es sei Geist spürbar gewesen. Und dennoch wurde gelacht!

Man sollte eine Untersuchung anstellen, worüber heute die Menschen lachen!

Nachher ging ich in ein Café und las die Korrektur meines zweiten Beitrags zum Heft: ,,Unsere geschichtliche Zukunft".

Und dann ging ich in den Hofgarten. Der lag in der Sonne und war voll Farben, und es war sehr schön – ein Hauch vom alten München.

In den Kolonnaden sind jetzt Läden. Ich habe mir eine kleine blaue Schale gekauft und war fröhlich damit. Blau macht mich fröhlich. In der Galerie K. Hielscher nebenan sah ich einen großen blaugemalten chinesischen Teller. Vielleicht kaufe ich mir ihn. Es ist wirklich so: Blau ist fröhlich.

Freitag, 19. 6. 53

Heute war Joh. Wagner vom Liturg. Institut in Trier hier und erzählte vom geplanten liturgischen Studienkongreß in Lugano.

Bei der Vorbereitung habe sich gezeigt, daß der Schweizer Episkopat Bedenken habe; von französischer Seite Ähnliches . . . Auch habe man in Anbetracht der transalpinen Lage gedacht, es sei besser, sich der freundlichen Gesinnung Roms zu vergewissern. So sei er nach Italien gefahren, habe bei Exzellenz von Bergamo – der als papabilis gelte – beste Gesinnung für die liturg. Sache gefunden; in Rom ebenfalls, ja mehr als das: beim Prostaatssekretär Montini, bei Tardini desgleichen, und Exc. Ottaviani, der Sekr. des S. Officium, habe sogar sein Erscheinen zugesagt. Vor allem aber sei die Sache der Billigung des Papstes versichert worden, und er habe Anlaß anzunehmen, daß dieser wünsche, die Fragen sollen ,,presto" und ,,a fondo" vorangeführt werden.

Welche Änderungen gegenüber auch nur der Zeit des Entstehens der ,,Ecclesia Orans"! Oder noch der 19 Punkte des Freiburger Erzbischofs!

Ich solle übrigens den Einleitungsvortrag halten.

Dienstag, 23. 6. 53

Immer wieder muß ich – widerwillig und gegen meine Abneigung – das Können von Th. Mann bewundern. Fülle des Stoffes und Genauigkeit der Einzelheiten, eine Sprache, die immer Neues hergibt und ihrer selbst ganz sicher ist . . .

Aber eine zerstörte Welt . . .

Vom Verlag Kohlhammer die Einladung, für eine Sammlung politischer Texte hohen Wertes die Einleitung zu schreiben. Auf meine verwunderte Frage, ob man denn wisse, daß ich Theologe sei: eben das wolle man . . . Und ob man die Abstempelung nicht fürchte: nein, gerade das sei erwünscht.

Ist das nun ein Zeichen entstehender Verständnis- und Vertrauensverhältnisse oder Bankerott im Allgemeinen?

Neulich sagte ich im Kolleg: Das stärkste Zeugnis für das Christentum sei heute nicht die Qualität seiner Bekenner, sondern die Einheitlichkeit des Hasses seiner Feinde.

Mittwoch, 24. 6. 53

Seit vielen Tagen ein übles Wetter – schwül, drückend, entnervend . . .

Man sagt, es sei banal, über das Wetter zu sprechen: waren das früher nicht die das tägliche Dasein bestimmenden Numina? Und also das Gespräch über ihre Gunst oder Ungunst sehr am Platz?

Ich stehe in St. Ludwig an der sechsten Bitte des Vater-Unser: führe uns nicht in Versuchung. Was heißt das? Es weht einen dunkel an aus ihr. Man ahnt Dinge, die vielleicht *auch* sind.

Von Vater geträumt; er war so traurig, daß mir ganz elend wurde. Von Vater wie von Mutter habe ich zwei Bilder: eins, das dem Tag angehört, realistisch, auch kritisch, von ruhiger Normalität. Ein anderes gehört dem Traum an und ist ein Bild der Schwermut.

Freitag, 26. 6. 53

Gestern abend Vortrag im Georgianum: ,,Photographie und Glaubenszweifel". Überrascht, wie sehr die Theologen mit der Ablehnung der Fernsehsendung der Messe mitgegangen sind. Als ich sagte, es bedürfe dringend einer Arkandisziplin, kam spontaner Beifall.

Heute war Dekanswahl. J. Spörl wurde mit ganz großer Mehrheit gewählt. Er wünschte es; so freue ich mich.

Nachher ging ich in die Kunsthandlung K. Hielscher und kaufte mir den chinesischen Teller: Er stammt aus dem Ende des 17. Jahrhunderts. Blau auf weißem Grund. Ich habe ein bißchen Sorge, daß ich mich mit diesem Blau, das ein wenig Violett in sich hat, vielleicht nicht vertrage.

Am Abend Hans und Lene W. zum Abendessen. Ich freue mich, daß sie nun bald herkommen. Seit wir uns kennen, sind über 30 Jahre vergangen.

Samstag, 27. 6. 53

Seltsame Zusammentreffen ereignen sich. Heute war zu Mittag Dr. Roubiczek aus Cambridge hier, und es zeigte sich, daß wir in vielem mit der Idee des Gegensatzes übereinstimmen.

Am Abend ging ich in der Biedersteinstraße am Studentenheim vorbei; ein junger Mann redete mich an, ob er einen Augenblick mitgehen könne? Er war ganz voll von Arbeiten, die er weit oder ganz gefördert hatte, über den Begriff der Kausalität im Zusammenhang mit den Ergebnissen der neuen Physik. Und es kam zu merkwürdigen Übereinstimmungen in der Frage der quantitativen und qualitativen Kausalität; meiner Vermutung, in der bloß statistischen Kausalität des Atoms enthülle sich ein Moment, das überall wirksam sei (z. B. in jeder Qualität), und anderes noch.

Sonntag, 28. 6. 53

Als ich gestern abend im Englischen Garten meine Ansprache für heute überdachte, geriet ich in eine mir ganz unbekannte Gegend an der Isar und stand schließlich überrascht auf der Brücke des Bayernwerkes. Der Sturzwirbel auf der rechten Seite und sein Brausen war herrlich – als ob ich aus dem Bereich des Papiers in den der Naturkräfte gekommen wäre.

Schön war auch der weite Bogen, den die Sturzströmung quer über die Isar zog, so daß ein Kreis entstand, unter dem die Hauptmasse des Wassers ihren Weg hinablief. In der Mitte aber schwamm ein Kinder-Luftballon und blieb fast still, durch den flutenden Kreis festgehalten.

Die Kirche war wieder sehr voll. Ich muß mich in Acht nehmen, daß ich nicht zu stark daran denke. Unter all meiner scheinbaren Selbstverständlichkeit sitzt die Angst des Versagens.

W. Lipgens zu Abend hier. Er ist ein bißchen mein Schüler. Ich wünschte sehr, er bekäme die Leitung des Instituts für Zeitgeschichte (auch um meinetwillen).

Mittwoch, 1. 7. 53

Im Kolleg über die Dialektik gesprochen, die zwischen der Revolution – der echten, neuzeitlichen – und der Diktatur besteht. Es wird mir immer klarer, daß der Sinn der Revolution auf die Diktatur zutreibt und daß es eine der vielen Blindheiten – richtiger gesagt: Verblendungen und Verstokkungen der modernen Mentalität ist, zu glauben, Revolution bedeute Freiheit.

Ich habe gemerkt, wie beeindruckt die Studenten waren. Vielleicht lernen sie hier etwas, das ihnen nicht nur theoretisch nützt.

All die Erfolge meiner Arbeit könnten mich zur Selbstüberschätzung führen. Ich glaube aber sagen zu dürfen, daß sie mir nicht einmal zur Selbstsicherheit helfen. Irgendeine Kritik genügt, um den innerlich stets bereiten Zweifel an mir selbst zu wecken.

Ja mehr noch: die Empfindung, alles verliere seinen Sinn. Es ist dann, als ob alles sich von mir zurückzöge.

Freitag, 3. 7. 53

Den Film von der Krönung der englischen Königin gesehen. Der Eindruck war groß.

Immer wieder mußte man sich sagen, daß man etwas sah, was sich ganz selten zuträgt – und aus einer Nähe, als gehöre man zum engsten Bereich. Auch war der Kontrast rührend zwischen der Jugend der Königin und dem Gewicht dieser gewaltigen Handlung. Die Haltung Elisabeths war so echt und schön, daß es einen tief berührte.

Daß uns alles das verloren ist! Im politischen Leben Deutschlands gibt es nichts, aber auch gar nichts, was in irgendeiner Weise damit vergleichbar wäre. Daneben ist alles einfach banal; darüber hilft keine demokratische Selbsttröstung hinweg.

Nur eins macht, daß man immer wieder protestiert – der Katholik steht daneben. Er ist nicht hereingezogen. Ich wundere mich, daß die englischen Katholiken das hinnehmen.

Ich lese mit großer Beteiligung das Buch von Moorehead über die drei Verräter von Atomgeheimnissen. Welche Mentalität da heraufkommt!

Sonntag, 5. 7. 53

Gestern abend bin ich wieder zum Stauwehr der Bayernwerke gegangen – und erinnerte mich mit dem oftgespürten Schrecken: vor vierzehn Tagen warst du hier – als wie gestern. Das Dazwischen als wie nichts!

Ich schreibe und rede und rede und schreibe – und das Leben läuft weg.

Manchmal habe ich aber doch das Gefühl, daß etwas wird; ganz unmerkbar leise. Ich kann z. B. manchmal realisieren, daß Er mich geschaffen hat.

Am Abend „Figaro“ im Gärtnertheater. Premiere, von Eugen Jochum dirigiert.

Fröhlich und vollkommen ist alles. Aber die Trauer ist darüber. Mörike hat doch recht mit seiner Novelle.

Dienstag, 7. 7. 53

Eröffnung des Institut Français in der Kaulbachstraße. Sehr schön, das Haus, die Bibliothek, der Garten. François Poncet sprach zuerst – gelöst und doch ernst . . . Die zahlreichen Zuhörer standen. Nachher Kultusminister Schwalber, langweilig, bis auf ein paar Tatsachen, die zeigten, daß wirkliche Versuche der wechselseitigen Annäherung im Bereich der Schulen gemacht werden.

Gespräch mit Rohlfs, der von seiner Tochter erzählte, die bei den Diakonissen eingetreten ist . . . mit Koschmieder und seiner Frau . . . Ich fürchte, ich gehe durch viele Möglichkeiten hindurch und nütze sie nicht.

Das Gutachten über die Fernsehsendung der Messe an die Kommission in Hamburg abgeschickt. Ich habe behutsam im Ton, aber sehr entschieden in der Sache geschrieben.

Das Buch von Moorehead ist beunruhigend . . . Ich werde im Ethikkolleg morgen darüber sprechen, als Beispiel für den aus der Autonomiehaltung kommenden Nihilismus.

Donnerstag, 9. 7. 53

Gedächtnisfeier für St. Bernhard: die 800. Wiederkehr seines Todestages.

Wie manche Beratungen und Zweifel sind vorausgegangen. M. I. Rouvier hatte von Seiten der französ. Stellen die Anregungen gegeben und mußte manche Bedrängnis durchmachen.

Schließlich ist alles doch gutgegangen. Besonders durch die freundliche Hilfe von Dr. Götze vom Rundfunk.

Eminenz war da; Magnifizenz von der Techn. Hochschule, Dr. Hundhammer, der Abt von St. Bonifatius u. a. Unsere Magnifizenz sprach die Begrüßung; dann Schmaus vom Grabmann-Institut, das Träger der Feier war. Vorher und nachher je eine Motette, zuerst v. Orlando di Lasso, dann v. Heinr. Schütz.

Den Vortrag hatte ich, über St. Bernhards Stellung in der Divina Commedia.

Alles war sehr würdig. Die Aula war voll.

Nachher war Spörl, der mit mir zusammen die Hauptsorge getragen hatte, hier, und wir haben noch bis 2 Uhr gesessen.

Freitag, 10. 7. 53

Sehr müde. Der gestrige Abend war recht anstrengend: erst im schwülen Hörsaal Kolleg; dann im Mittelaltl. Histor. Seminar bei Spörl eine Vorbereitungsstunde. Dann der Vortrag in der Aula.

Die Untersuchung bei Dr. Bruckmeier ist gut verlaufen. Wir werden nun doch nach Hausbaden gehen.

Ich bin wieder an den „Porteur d'eau" von Eugenia Markowa geraten. Er ist 1931 in der Sammlung „Le roseau d'or" erschienen, den Jacques Maritain herausgab. (Dort ist auch der „Geist der Liturgie" herausgekommen, von d'Harcourt übersetzt.) Die Verfasserin muß eine Polin sein – hoffentlich ist ihr nichts geschehen in den dunklen Jahren. Sie hat mir das Buch geschickt, und es hat mir's angetan. Wie oft habe ich es gelesen. Es kommt aus dem Strom des Chassidismus, und wenn ich es lese, verstehe ich Marc Chagall. Ich habe das Gefühl, einmal muß ich es übersetzen.

Samstag, 11. 7. 53

Am Abend bin ich wieder an die Isar gegangen, auf das rechte Ufer. Es war schön; der Raum des Flusses wie eine weite, von Rauschen erfüllte Straße, und das Gehen tat sich von selbst.

Ich habe meine Ansprache für morgen durchgedacht: „Erlöse uns vom Übel." Die Gedanken führen immer weiter.

Meine Erinnerung an meine Sonntagsansprachen sind mit Straßen verknüpft, auf denen ich sie vorbereitet habe. Meine Gedanken kommen mir im Gehen. Sie kommen selbst und entfalten sich. Ich muß ihnen Raum schaffen, sie hüten und durch Aufmerksamkeit rufen. Es ist anstrengend; inwendig, im Lebendigen.

Als ich dann unter den schönen Bäumen hin wieder zum Ausgang des Englischen Garten unterwegs war, kam plötzlich eine große gelbe Postkutsche daher, mit vier Schimmeln bespannt, und der Postillion blies sein Horn. Für einen Augenblick war Vergangenheit da. Aber nur für einen Augenblick.

Sonntag, 12. 7. 53

Schlecht geschlafen und stumpf im Kopf. Dann kommt die Angst, beim Sprechen zu versagen. Es ist auch nicht gut gegangen. Ich habe Wichtiges vergessen, und alles war ohne rechtes Leben.

Aber auch welcher Empfang! Das Gitter des Gartens um die Kirche war zu, und als ich fragte, sagte man mir, ein Toter liege da. Er war im Gottesdienst plötzlich gestorben und lag da auf dem Rasen, wo man ihn der Behörden wegen habe liegen lassen.

Man war der Meinung, es sei ein schöner Tod: 73 Jahre alt, seine Frau bereits gestorben, seine Kinder verheiratet, und nun im Bereich der Kirche hinübergegangen.

Nun regnet es wieder. Immerfort schwül und regnerisch, seit vielen Wochen. Der Sommer vergeht umsonst.

Dienstag, 14. 7. 53

Dr. Souchy vom Herold-Verlag in Wien war hier. Wir haben über mein Vorwort zur Übersetzung der Papstgebete gesprochen, und ich habe ihm gesagt, daß ich mit der Arbeit daran nicht anfangen werde, bevor ich mich überzeugt habe, daß Übersetzung, Überschriften und Auswahl richtig sind.

Mir ist bei der ganzen Sache nicht wohl. Gar nicht.

Ich kam zufällig an das Buch von I. Hommes: Zwiespältiges Dasein – eine, wie es scheint, sehr tiefgreifende Auseinandersetzung mit dem Existentialismus. Ich wußte schon vorher, daß ich mich mit diesem genau beschäftigen müsse; jetzt ist mir das noch deutlicher geworden.

Hier liegen Probleme, die uns sehr nahe angehen. Vielleicht ist die christliche Antwort darauf noch gar nicht gegeben. Ob sie etwa bei Autoren wie Johannes vom Kreuz zu finden wäre?

Donnerstag, 16. 7. 53

Letzte Vorlesung. Ich schließe vor der Zeit, bin müde. Ein wunderbares Gefühl: jetzt „mußt“ du fürs Erste nicht mehr.

Aber neben mir liegt ein dicker Packen Fahnen für mein Rilke-Buch. Da „muß“ ich nun doch; es ist aber wenigstens etwas anderes.

Dienstag, 21. 7. 53

Lange Zeit vergangen seit der letzten Eintragung. Während ihrer war ich sehr müde, zuletzt so, daß ich unterbrechen mußte.

Am Sonntag habe ich meinen Gottesdienst noch gehalten; am Montag und Dienstag bin ich je bis fast mittags liegen geblieben.

Heute ging es besser; und schon mußte ich vor Mittag diktieren: den Entwurf für ein Kolloquium mit den Studenten im Biedersteiner Heim über Revolution und Diktatur.

Es ist schlimm, wie die Produktivkraft drängt . . .

Am Sonntagabend eine besondere Erfahrung: daß Er so ganz anders ist. Sie hat sich zum ersten Mal angedeutet, als ich fühlte, wie ganz anders das Sein der Materie ist als ihre Erscheinung. Wie muß dann . . .

Aber wir können uns dorthin beziehen, denn Christus ist der Mittler. Er sagt uns, wie Gott gesinnt ist, und wie wir zu ihm sprechen sollen.

Mittwoch, 22. 7. 53

Vorgestern war E. Vietta wieder hier. Wir haben über die „Darmstädter Gespräche" von diesem Jahr gesprochen, bei denen ich den zusammenfassenden Vortrag halten sollte. In der Soziologie herrsche die Tendenz einer vollständigen Funktionalisierung. Vom Wesentlichen der Person, der Autorität, der Hoheit und der Begründung ins Absolute spreche keiner.

Manchmal hat man das Gefühl, gegen eine Strömung zu arbeiten, die überall wider einen drückt.

Ich lese wieder einmal die Gedichte Goethes, eins nach dem anderen. Mit Verwunderung und Mißtrauen gegen mich selbst und mit Betrübnis muß ich mir sagen, daß mehr Leere und Banalität darin ist, als ich früher je zugegeben hätte. Wievieles ist „achtzehntes Jahrhundert", von einer Flachheit, daß man sich fragt, wie Goethe das nicht nur schreiben, sondern in die endgültige Sammlung aufnehmen konnte.

Freitag, 24. 7. 53

Im Studentenheim Biederstein einen Vortrag über „Revolution und Diktatur" gehalten, in der Erwartung, eine heftige Diskussion aushalten zu müssen. Aber sie war zahm, wie heute immer. Es ist wirklich kein Lob des Vergangenen, wenn man feststellt, wie lebendig noch vor 25 Jahren die Geistigkeit der Jugend war.

Es ist kein Sinn für das Problem und kein Mut zur eigenen Meinung da. Im Grunde sagen sie: „Herr Lehrer, was sollen wir für richtig halten?" Und man fühlt, wie sehr sie zur Verfügung stehen für jeden, der sie zu nehmen weiß.

Sammlung: „Lyrik des Ostens" Hanser (1952). Fast 500 Seiten jüdische, ägyptische, türkische, arabische, persische, indische, chinesische Dichtung. Wahrscheinlich hängt viel von der Übersetzung ab, die sehr schwer sein muß. Aber wie selten ist man von einem Ton getroffen, der aus dem Elementaren des Lebens, aus der Tiefe des Herzens kommt. Im Letzten fühle ich Langeweile. Aber, wie gesagt: wahrscheinlich werden Gedanken und Bilder in unserem Sprachraum dünn, die drüben, in ihrem, dicht sind.

Sonntag, 26. 7. 53

Heute war der letzte Studentengottesdienst in St. Ludwig: über das ,,Amen". Der dreiundzwanzigste Vortrag über das Vaterunser. Schon wieder etwas zu Ende – als wäre es weggeflogen.

Ich habe mich entschlossen, in meinem Rilkebuch alle Literatur wegzulassen und, wie bei meinen anderen Interpretationen, nur aus den Texten zu arbeiten. Man wird dagegen viel einzuwenden haben, und mit Recht. Ich kann es aber nicht anders machen. Und einige Bücher nennen bzw. ,,einzuarbeiten", nur damit Literatur dabei und die Wissenschaft zufrieden sei, will ich nicht. Das Buch soll seinen Stil behalten, und dazu gehören auch seine Mängel.

Ich werde aufatmen, wenn das Manuskript abgeschickt ist und ich Rilke los bin. Was ist diese Welt doch für ein Gemenge aus Echt und Unecht!

Donnerstag, 30. 7. 53

Gestern habe ich den japanischen Film ,,Rashomon" gesehen und war von ihm tief berührt. Man fühlt die fremde Welt. Menschen wie wir, und doch anders. Die Logik der Leidenschaften, wie bei uns, und doch in einer Atmosphäre, die sie fremd machte. – Den versöhnlichen Schluß – soweit man nach so vollständiger Zerstörung von Versöhnlichkeit sprechen kann – empfand ich als Konzession an ,,westliche", vielleicht besonders amerikanische Empfindungen. Er wirkte der furchtbaren Skepsis des Ganzen gegenüber schwächlich.

Meine Bücher werden so zahlreich, daß ich mich geniere. Wenn ein anderer so viel geschrieben hätte und es immer weiterginge, würde ich über ihn wahrscheinlich nicht freundlich urteilen. Quantität und Qualität pflegen in umgekehrtem Verhältnis zueinander zu stehen. Und doch sind nur ganz wenig Sachen dabei, die ich ungeschrieben wünschte.

Ich habe eigentlich gar nicht das Gefühl, etwas Eigenes zu geben, eigene Gedanken, eigene Gestaltungen – vielmehr eine beständige Interpretation der christ-katholischen Wirklichkeit. Da gelten die Maßstäbe, die für ,,Werke" gelten, nicht, denn es ist ja diese Wirklichkeit die – so hoffe ich – redet.

Daher kommt es auch wohl, daß ich durch die Verantwortung für meine Bücher nicht beunruhigt bin. Sie werden in wachsendem Maße gelesen; so müßte ich eigentlich Sorge haben, ob sie nützen oder schaden. Die habe ich aber nicht, denn mir ist nicht zumute, als ob ich sie geschaffen hätte.

So mag es denn weitergehen.

H. W. erzählte mir, der Rektor von St. Georgen in Frankfurt habe ihm gesagt, daß man bei ihnen den in andere Länder gehenden Patres den

„Herrn“ in der betr. Sprache mitgebe, soweit er in sie übersetzt sei. Ich bin darüber sehr glücklich gewesen. Es ist eine Rezeption in die Wirklichkeit der Kirche – ähnlich wie beim „Kreuzweg“, der jetzt in etwa 250 000 Exemplaren verbreitet ist. Hier hat das christliche Volk die Aufnahme vollzogen; dort die Jesuiten.

Samstag, 1. Aug. 53

Ich habe wieder einen Traum gehabt, der das innere Chaos offenbart. Gewiß, ich sage mir, die geistige Produktion, die immer weitergeht, kann nur sein, wenn in der Tiefe Chaos ist – aber man existiert doch nicht nur für die Bücher, die man schreibt. Was wird aus dem Sein?

Manchmal kommt mir mit Schrecken der Gedanke: wie soll das je in Ordnung kommen? Diese bis ins Tiefste gehende – nein, gerade aus dem Tiefsten kommende Wirrnis? Im Jenseits?

Immer deutlicher sehe ich die fundamentale Verstörung alles Menschlichen. Wie sonderbar nehmen sich von hier her die Ansprüche und Großartigkeiten von Wissenschaftlern und Machthabern und Autoritäten aus!

Sonntag, 2. 8. 53

Vorhin klingelte es, und ich war verdrießlich, gestört zu werden. Dann aber war ich sehr froh. Der gekommen war, war nämlich ein junger indonesischer Theologiestudent, der einige Tage auf seiner Reise von Löwen, wo er Philosophie studiert hat, nach Lyon hier Halt macht.

Er hatte einige meiner Bücher in französischer Sprache gelesen und schien besonders den „Herrn“ zu lieben.

Ich hatte schon mehrere Male Gelegenheit, mit Asiaten zu sprechen, und habe immer ein merkwürdig komplexes Gefühl: einerseits eine Art Furcht vor der nicht ganz verstehbaren Fremdheit – andererseits ein Wohlgefühl, fast Neid, angesichts der schönen Ehrfurcht und Sicherheit zugleich, die aus alter Kultur kommt. Den jungen Menschen heute – er heißt Pierre Thong, aus Hanoi, Vietnam – hatte ich richtig gern.

Am Schluß sagte er, er wolle gut deutsch lernen und den „Herrn“ ins Indonesische übersetzen. Mag eine freundliche Hut über all den Übersetzungen walten. Es sind jetzt schon so viele; und jedesmal geht das Buch in einen neuen Lebensbereich, und ich weiß nicht, was da aus ihm wird.

2. 8. 53

Mein Gedächtnis für Geschehenes wird immer geringer. Ich vergesse alles. Die Zeit vergeht immer rascher. Sie besteht überhaupt nur noch aus Vergangen-Sein. Aber die Produktion wächst immer noch. Eigentlich bin ich nur für sie da.

Doch auch etwas anderes lerne ich: eine Zeitlang gar nichts zu tun. Ich freue mich, das bald einige Wochen lang in Hausbaden üben zu können.

Dieser Tage erzählte mir H. W., H. K. habe gesagt, um Romano herum gäbe es viele Menschen, die sich liegengelassen fühlten. Das Wort geht mir nicht aus dem Sinn. Ich weiß, daß es wahr ist. Vielleicht darf ich richtiger sagen: es ist das Mißverständnis von etwas Wahrem. Bei mir ist der Augenblick immer überwertig – und dann kommt die Leere. Wer mit mir im Augenblick war, fühlt sich in der Leere verlassen. Was soll ich aber tun? Die Menschen wissen ja nicht, wie einsam es um mich ist und daß ich aus jeder kurzen Begegnung wieder in die Einsamkeit zurück muß.

Es ist wie ein Symbol, daß mein Gehör sich rasch verschlechtert.

Montag, 3. 8. 53

Lange Zeit hatte ich gebetet, daß Gott ,,sich erheben" wolle in meinem Leben. Er, dessen Name lautet: ,,Der da ist", und alles ist nur durch Ihn und von Ihm.

Vielleicht wird, ganz leise, etwas davon.

Dieser Tage aber kam mir nahe, daß ich wohl darüber denke und spreche, daß die Person nur in seinem Anruf existiert – aber ich vollziehe es nicht. Es kam mir nahe, was es bedeuten müsse, den Blick zu erfahren – leise, fern, wie sonst? –, der auf mir liegt, und selbst hineinschauen zu dürfen. Wäre das nicht der Mittelpunkt von Allem? Schlechthin Allem? Die αϱκγ einfachhin?

Dieser Tage ging ich durch die Residenzstraße. Da stand eine Gruppe Leute, alte und junge und Kinder, und sah gespannt zu, wie ein Kutscher sein Pferd mit Brot fütterte. Er schnitt Stück um Stück ab, und das Pferd nahm es von seiner Hand, und die Leute hatten ein Lächeln, als ob sie etwas Seltenes und Rührendes sähen. So weit haben sich die Dinge verändert.

Mittwoch, 5. 8. 53

Vortrag von M. Heidegger, bei Preetorius, der noch leidend ist, über Wissenschaft und Besinnung. Er versuchte zu zeigen, daß die Neuzeit eine grundandere Vorstellung von Wissenschaft hat als Antike und Mittelalter.

Ich habe aber nicht verstanden, worin dieser Unterschied bestehen sollte. –

Nachher Verständigung mit denen, die an dem Cyclus über „das Schöpferische im technischen Zeitalter" mitarbeiten sollen. Ich habe Sorgen um das Ganze und vor allem um meinen eigenen Vortrag, der es einleiten soll.

Wunderbare ostasiatische Bilder an den Wänden! Wenn man von solchen Schätzen weg muß?

Mit Dr. B. nach Hause gegangen und über die Position Heideggers gesprochen. Sehr schwierig zu verstehen.

Heute Vortrag über den Film in dem Ferienkurs für Ausländer. Die Jungen empfinden einen als Gegner, wenn man am Film Kritik übt. Sie scheinen ihn als ihre Kunst anzusehen.

Sonntag, 9. Aug. 53

Heute war Martin Buber zum Tee hier. Er soll den Friedenspreis des deutschen Buchhandels erhalten, hat an verschiedenen Universitäten gesprochen und will nun bis zur Überreichung des Preises in Frankfurt sich etwas erholen.

Es war schön, mit ihm zusammen zu sein. Er ist wunderbar wissend, weise und ehrwürdig. Warum erkennt er Christus nicht?

Was hält einen im Glauben? Was macht, daß man nicht, wie im Hauch, auf einmal nicht mehr versteht? Daß alles fort ist? Manchmal weht mich eine Angst an . . . Wie wenig vermag der Verstand . . .

Wieder eine Wohnungsmöglichkeit, in der Guntherstraße in Nymphenburg. Z. T. wunderschöne Zimmer, aber es ist eine halbierte Villa, und die Teilung ist nicht gut gelungen.

Ich fürchte, es wird nichts daraus.

Dienstag, 11. Aug. 53

Mit der Wohnung ist es nichts, aus verschiedenen Gründen. Also wieder Geduld.

Vor einiger Zeit wurde mir klar: Die Schöpfung ist ein Ganzes gebundener Kräfte. Der Mensch löst die Bindung und setzt sie frei. Kann er selbst sie aber wieder binden? Er, dessen Sein und dessen Wille in Unordnung ist? Und nun ist er an den Kern der Bindungen gedrungen und hat ihn aufgelöst. Was kann daraus werden? Kann er sie neu binden?

Auf die Frage: Was ist das Gute? lautet die Antwort: die Gesinnung Gottes. Nicht eine Idee. Auch nicht eine Substanz, sondern das Herz seines Lebens: seine lebendige Gesinnung.

Wenn aber die Frage weitergeht: Und wie wissen wir von dieser Gesinnung? Dann ist zu antworten: durch die Gesinnung Christi.

Es gibt keine anderen Antworten. Alle anderen sind zu wenig, oder zu abstrakt, oder einfach falsch.

Samstag, 15. Aug. 53
Mariae Himmelfahrt

In Allerseelen die Elf-Uhr-Messe. Gesprochen über das alte Evangelium des Festes: die Schwestern in Bethanien.

Ich tue es gern. Ein Sonntag ohne das Wort Gottes ist nicht voll.

Am Donnerstagabend waren Dr. Hölscher und Dr. Knauer hier. Ich habe nach einigem Zögern mich der Initiative der jüngeren Kollegen angeschlossen, die ihre Sorge wegen des Vordringens der Korporationen anmelden wollen.

Das Bild am Fest der Universitätsstiftung war zu schlimm. Überall in den vordersten Reihen Mützen. Sie waren die Studenten. Und hinter ihnen stehen die Alten Herrn – die gleichen, welche die alte Politik gemacht haben.

Das bewußt – und, was schlimmer ist, unbewußt – wirksame Maßbild des richtigen Vollzugs der Lebensdinge ist immer entschiedener der reibungslose, exakte Gang der Maschine. Hier liegt im Inbegriff die uns drohende Gefahr.

15. 8. 53

Ich traue mich nicht recht, es zu glauben, aber es scheint doch, daß Gott mir wirklich wird. Er ist jener, dessen Name heißt „Der da ist". Das Wort ist alles; ist der Abgrund; ist die Umkehr. Vielleicht beginne ich, seinen Inhalt zu erfahren.

Wenn es mit ihm Ernst würde – das wäre die Änderung.

Mit dem Wachsen dieses Ernstes wächst aber auch die Frage: Wie kann Dieser wollen, daß die Welt sei? Und der Mensch in der Welt? Und wie kann Er Mensch werden wollen? Besonders aus der letzten Frage kommt eine schreckliche Gefahr . . . als ob einen der Schwindel faßte . . . Es ist das Ärgernis, was sich da anzeigt.

Montag, 17. Aug. 53

Der Abschluß meiner Rilke-Arbeit macht mir viel Not. Vor allem die Einleitung. Sie stockt, und ich bringe sie nicht in Ordnung. Dabei sind es viel mehr psychologische Hindernisse als in der Sache selbst liegende. Immer wieder werde ich an dem Ganzen irre und komme doch immer wieder in die Linie zurück.

Die Epoche der Rilke-Vergötzung ist offenbar vorbei. Jetzt wird die Kritik einsetzen. Schade, daß mein Buch nicht ein Jahr früher gekommen ist; es wäre anständiger gewesen.

Zur Erinnerung an den Abschluß dieser Arbeit, die jetzt fast durch zwanzig Jahre reicht, habe ich mir eine kleine chinesische Vase gekauft. Sie hat eine gedrungene, in sich gesammelte Form, wie eine Frucht; ist dunkelblau mit einer Spur Violett und einem Hauch Grau. Rundherum gehen ganz leiche Streifen, nur als eine innere Bewegung der Farbe spürbar. Oben und unten schaut das Grundmaterial heraus und macht die Glasur umso schöner.

Donnerstag, 20. Aug. 53

Soeben habe ich die Fahnen des Rilkebuches eingepackt, in denen der Text seine endgültige Fassung erhalten hat.

Ich bin froh. Die Arbeit an den Elegien hat in Berlin in der Mitte der dreißiger Jahre angefangen: zuerst als eine Seminarübung. Dann, ich glaube im ersten Kriegsjahr, als Vorträge in einem Privatkreis, dem die damalige Gräfin Hatzfeldt angehörte, die ich nachher getraut habe und die ein so tragisches Schicksal hatte . . . Durch Grassi kamen drei Elegieninterpretationen (2, 8, 9) in die „Schriften zur geistigen Überlieferung". Jetzt ist das Ganze da.

Ich frage mich, ob das Ergebnis die viele Arbeit lohnt, die ich daran gewandt habe. Aber es ist, soviel ich sehe, die erste philosophisch-kritische Auseinandersetzung mit Rilke, und die mußte getan werden, denn sie ist für das Verständnis – und für die Führung der Zeit wichtig.

Nachts, Viertel nach Eins.

Ein solches Wohlgefühl – nichts mehr vor mir – für eine Weile.

Morgen räume ich hier auf – übermorgen fahre ich nach Badenweiler – si Deus permiserit, sagt St. Jacobus. Wie sehr fühle ich dieses „Wenn"..

Hausbaden, Sonntag 23. 8. 53

Gestern um 12.50 abgefahren. Beinahe wäre ich noch einmal einen Tag zurückgeblieben, denn im letzten Augenblick ist der Bügel am Koffergriff auseinandergegangen. Durch eine merkwürdige Freundlichkeit eines jungen Hilfsmanns an der Gepäckstelle wurde ein Bahnschlosser herbeigeholt, der half. So in- und antioffiziell, daß es eine Unglaublichkeit war.

Die Fahrt war langweilig, zweimal umzusteigen, aber immer wieder schön durch das Gefühl: du hast nichts zu tun. Das dritte Umsteigen erspart, da in Mülheim der junge zweite Arzt von hier war, der mich abholte. So nett von allen. Wahrscheinlich hat Alois Eckert (als Caritaschef auch Chef von Hausbaden, den ich in Freiburg im Abteil traf und der in Donaueschingen ausstieg) telephoniert. Man muß sich eins nach dem anderen vorstellen, dann merkt man, aus wieviel Momenten ein Lebensvorgang zusammengesetzt ist. (Es ist einer meiner Sorgengedanken, die innere Kraft des Formens und Zusammenhaltens könne nachlassen. Dann dringt das Chaos durch.)

Nun bin ich im gleichen Zimmer wie letztes Jahr. Ein Jahr liegt dazwischen, ist fort, verdunstet . . .

Es ist wunderbar still. Mit Hilfe einer Tablette habe ich acht Stunden geschlafen. Am Nachmittag noch einmal anderthalb.

Heute um 9.30 Heil. Messe, in der lieben Kapelle hier; dann, beim Frühstück, kam die Oberin, Schw. Generosa Herrmann, die eine wunderbare Frau ist, und wir hatten eins von den Gesprächen, die ganz aus dem Augenblick kommen und in allem geraten. (Nur denke ich, ich möchte den Inhalt auf dem Papier haben. Aber ich versuche es jetzt nicht. Bin zu unlustig.)

Nachher bin ich weggewesen; der Wald war köstlich frisch, und ich habe das Ruhenkönnen bis ins Mark gespürt. (Mir fiel die wunderbare Ruhe ein, das Hineinsinken in die Ruhe, nach der Operation vor nur zwei Jahren, als ich aufwachte und mich dann wieder hineingab.)

Nachmittags in Badenweiler. Im Hotel Römerbad Tee getrunken und lang gesessen, nichts tuend und nur die Leute anschauend. Klingt dumm, daß ich das so oft wiederhole. Aber es ist köstlich.

Hausbaden, Montag 24. 8. 53

Heute habe ich zum ersten Mal verstanden, was es heißt, alle Dinge sprächen von Gott. Er hat alles und darin jedes Einzelne geschaffen. Er steht hinter jeder Faser Wirklichkeit. Alles ist immerfort durch Ihn. Wer das erfährt, erfährt Ihn in allem. Immer anders, so, wie dieses Blatt ist, wie dieser Bach rauscht, wie hier das Licht um die Bäume ist. Und immer ist es Er. Das haben die Griechen erfahren, als ihnen jedes Ding göttlich war.

Was ist das aber, wenn aus der Quelle, der Kühle, dem Rauschen, der Unerschöpflichkeit, der Stille ringsum die Nymphe hervortritt? In einem bestimmten Punkt geschieht ein Frevel, ein Unheil: hier, in diesem Ding, wird der von Gott her offenbarende Hauch zur Welt geschlagen, und in der Gestalt der Nymphe verschließt sie sich und umschließt den, der sie so sieht.

Neulich dachte ich daran, daß die Physiker sagen, die Zeit sei die vierte Dimension des Raumes, richtiger des raumhaft seienden Dinges. Sie sei verschieden je nach der Seinsintensität des Dings . . . Ob die Zeit nicht einfach die Veränderung ist? Das heißt, das Vergehen?

Hausbaden, Dienstag 25. 8. 53

Das Nichtstun ist schon wieder gewohnt und nicht mehr so schön. Nun muß man Acht geben, daß man nicht wieder „tun" will.

Heute tragen die Männer keinen Hut, auch keinen Stock, aber sie stecken die Hände in die Taschen. Was bedeutet das?

Wenn es früher als unmöglich galt, ohne Hut zu gehen, als sonderbar, nichts zur Hand zu haben, und als ungezogen, die Hände, zumal vor Damen, in der Tasche zu haben? Und daß dieses unbedingt galt, wie jenes jetzt gilt?

Lese die Odyssee – leider nur die holperige Übersetzung von Th. v. Schaeffer. Wenn man etwas wieder liest, hat man immer Angst vor der Ernüchterung. Sie kam auch am Anfang durch den im Grunde skeptischen Ton den Göttern gegenüber. Dann trat das zurück.

Ich mußte über die „schmückenden Beiwörter" nachdenken. Ursprünglich waren sie lebendig und Zeichen einer wunderbaren Berührbarkeit durch die Bedeutungsfülle der Dinge.

Ein Zeichen für die geringere Fähigkeit zu gesellschaftlichem Leben des Deutschen: Italiener, Franzosen, Engländer sagen Signore, Signora, Monsieur und Madame, Sir und Madam. Der Deutsche sagt: Frau Müller, und das ist zu wenig, Gnädige Frau, das ist zu viel; oder Frau Regierungsrat, und das ist lächerlich.

Ich glaube, das Charakteristikum der künftigen Anthropologie wird dieses sein: bisher hat man den Menschen möglichst in die Natur einbezogen – jetzt wird man ihn in seiner Unterschiedenheit sehen. Die beiden Prinzipien der Betrachtung: das der möglichsten Annäherung (kleinste Schritte; unendlich viele; durch sehr lange Zeit) – das der weitesten Abstände (das Gegenüber der voll entwickelten Phaenomene in ihrer Eigen-Art). Ich glaube, das zweite wird dringlich.

Lese die von E. Zinn gesammelten Gedichte Rilkes, die neben den von ihm selbst gemachten Sammlungen herlaufen. Ein umfangreicher Band, der den Eindruck verschärft, den jede Begegnung mit Rilke bringt: reiche Schönheiten, Feinheiten, Tiefen . . . viel Kompliziertes, manches Künstliche und Unnatürliche, und zuletzt, in aller Fülle, eine Monotonie . . .

Ich glaube, in der Einschätzung Rilkes wird sich vieles ändern.

V

Hausbaden, Samstag 29. 8. 53

Ich fühle mich sehr ausgeruht. Manchmal meine ich, man könnte etwas Energischeres tun, aber wahrscheinlich hat Dr. Ell mit seiner sachten Methode doch recht.

Unterdes ist J. Spörl gekommen, und wir führen ein nettes Leben: halb jeder für sich, halb zusammen.

Neulich hat mich ein kleines Bild sehr lebendig berührt: am Hang einer kleinen Waldsenkung stand ein Busch, ich glaube eine Hasel. Der hielt einen Zweig mit schön ausgeformten Blättern hinaus, und auf ihm war helles Sonnenlicht. Ringsherum aber nicht; so trat der Raum intensiv hervor; man fühlte, wie der Zweig in den Raum gehalten war; fühlte in ihm sich selbst frei und ein wenig gefährdet.

Hausbaden, Donnerstag 3. 9. 53

Die letzten drei Tage waren herrlich: klar, warm, voll Sonne. Richtige Geschenke. Jetzt wendet sich das Wetter wieder, hoffentlich nicht zu sehr zum Schlimmen.

Heute habe ich zum ersten Mal gefühlt, ausgeruht zu sein. Sehr schönes Gefühl . . .

Gestern abend eine kleine Konferenz für die Schwestern. Nur eine Viertelstunde; aber das war genug, um so mehr, als die Schwestern ja ein langes Tagewerk hinter sich hatten. (Über die Ruhe im Gebet.)

Hausbaden, Samstag, 5. 9. 53

Ich bin bis gegen die Mitte der gesammelten Gedichte Rilkes (1906–1926) vorgedrungen. Muß schon sagen „vorgedrungen", denn es fällt mir nicht leicht. Wie viel Manieriertes in seinem Dichten ist, wird peinlich fühlbar. Und ebenso etwas anderes: die Eintönigkeit der Gedanken und die Dürftigkeit an Weltstoff. Beides war mir noch nicht so zu Bewußtsein gekommen. Immer wieder die Bekundungen innerster Existenznot, aus der freilich auch manches Tiefe und Zarte kommt . . . immer wieder die eigentümlichen Verwebungen der Bereiche mit ihrer Perspektive auf eine letzte Einheit hin . . . Die „Welt" Rilkes hat keine Fülle. Einige Dinge und Erfahrungen bestimmen alles. Aber welch ein Unterschied zu Hölderlin, bei dem es ja auch so ist. In jedem von dessen Gedichten redet Höhe und Tiefe und All.

Was bei Rilke im erinnernden Gefühl bleibt, ist eben doch Schwäche.

Nach dem Gesagten ist es etwas beschämend, aber mir wurde dieser Tage klar, wie viel Verwandtes zwischen Rilke und mir ist. Wie könnte ich sonst jedem Satz und Wort um Wort unter die Haut fühlen!

Hausbaden, Sonntag 6. 9. 53

Am Morgen Wahl. Was ist das im Letzten doch für eine schwankende Sache. Wenn man die Leute zum Kurhaus gehen sah, wo die Wahl stattfand – was verstanden die allermeisten von dem, über das sie bestimmen sollten? Ich verstehe im Grunde auch nichts davon, sondern schließe mich Leuten an, denen ich mich zugehörig fühle. Und all die Ganz-Jungen; und die vielen Frauen, die zum politischen Leben überhaupt keine Beziehung haben.

Demokratie ist eine Utopie und zutiefst irrealistisch. Was echte Politik macht, sind die Kräfte der Dauer, des Urteils, der Überschau, der Erinnerung und realistischen Voraussicht. Wie sollen die Vielen etwas davon haben? Demokratie ist das Mittel, eine autoritative Regierung auszulöschen und eine andere vorzubereiten. Ich glaube, in zwanzig Jahren haben wir wieder autoritative Regierungen. Der Unterschied wird nur sein, ob sie die Person achten oder sie mißbrauchen.

Am Nachmittag schöne Fahrt nach Schloß Bürgeln mit Hanns und Olga Ruffin und J. Spörl. Besonders der Abend war herrlich mit all den Sternen über der weiten Ebene.

Hausbaden, Montag 7. 9. 53

Welch ein Ausgang der Wahl. Zuerst war man erstaunt, dann erleichtert, dann besorgt. Ein Grieche hätte gesagt: Gebt Acht! Die Gunst kann eine Falle des Schicksals sein.

Es war schon mehrmals so, daß nach dem Versagen der liberalen Gescheitheiten und sozialistischen Programme die Gewissensfestigkeit der Christen als einzige Chance erschien. Aber ob ihre politische Schulung und ihre menschlichen Qualitäten ausreichen? Immer bleibt das böse Erbe des Kulturkampfes, durch den die katholischen – im Grunde überhaupt die wirklich gläubigen – Christen aus der Führung verdrängt worden sind.

Hausbaden, Donnerstag 10. 9. 53

Im Kursaal einen Vortrag gehalten, für Hilfszwecke der Oberin, über den Film. Der Saal war vollbesetzt, und es ist auch ein ganz netter Betrag eingekommen; aber viel Zweck haben solche Dinge doch nicht. Wenn Erholung, dann soll sie richtig sein; und das Publikum, das an solche Orte kommt, lohnt auch nicht sehr.

Hausbaden, Sonntag 13. 9. 53

In der heiligen Messe über das Evangelium gesprochen: Die aufs erste befremdliche Mahnung, sich zum untersten Platz zu erniedrigen, ,,damit" man zum besseren erhöht werde, in welcher die ethische Tugend der Bescheidenheit einen so bedenklichen Klang von Absicht bekommt – das Ganze aber dann bezogen auf den ähnlich gebauten Satz von der Selbstvernichtung des ewigen Gottessohnes, durch welche uns die Erlösung und Ihm die Herrlichkeit gekommen ist . . . Damit aber Großmut und sich selbst in die Tiefe hinabwerfende Kraft.

Wie so oft im Evangelium verbinden sich verschiedene Aussagen zu Schichten, von denen eine die andere vorbereitet und fortführt.

Am Nachmittag sind Ells, Spörl und ich nach Colmar gefahren. Die Grenzformalitäten erhöhen den Reiz, und der Charakter des fremden Landes war schon fühlbar. Ich habe mich an den Herbst 1947 erinnert, als die Reise nach Straßburg und Lyon so wunderbar die nach Italien vorbereitete.

Hausbaden, Mittwoch 16. 9. 53

Ich lese wieder einmal Kellers Züricher Novellen. Wieder der gleiche Eindruck blühend gefüllter Form, philiströser Moralität und eines an jeder möglichen Stelle durchdringenden Hasses gegen Christentum und Kirche. Und wieder die Trauer darüber, daß es derartiges gibt.

Die Rede von Helmut Gollwitzer über die echten Gehalte des Kommunismus im Hektogramm gelesen. Macht sehr nachdenklich.

München, 19. 9. 53

Wieder zuhause nach guter, aber langweiliger Fahrt. Wieder etwas vorbei – vier Wochen!

Zu Hause allerlei Korrespondenz mit einigem Überraschendem. R. Forni, der den ,,Herrn" ins Italienische übersetzt hat, ist Erzbischof geworden (Titular von Aegina) und Internuntius in Iran. Merkwürdig, wie das die Beziehung ändert!

M. Schmaus hat mir den Band seiner Dogmatik gewidmet, der die Eschatologie behandelt.

Endlich hat Dr. Karl Wucherer-Huldenfeld mir das Manuskript seiner Doktorarbeit gesandt, die von „der Gegensatzphilosophie Romano Guardinis in ihren Grundlagen und Folgerungen" handelt.

Alles sehr merkwürdig.

München, Freitag 25. 9. 53

Heute ist die Umbruchkorrektur des Rilkebuches zum Verlag gegangen. Ich bin sehr erleichtert. Die Arbeit ist durch so viele Jahre gelaufen – manchmal wundere ich mich, daß ich all die Mühe und Zeit daran wenden konnte, denn Rilke ist weder ein wirklich großer, noch ein reiner Dichter. Aber es wird wohl der Rilke in mir selbst gewesen sein, mit dem die Auseinandersetzung geschehen ist, und das lohnt.

Will nun sehen, was die Öffentlichkeit sagt.

Am Nachmittag habe ich mir die Sachen vom Juwelier geholt. Den Rosenkranz, den ich mir aus den Anhängern des buddhistischen Rosenkranzes habe machen lassen: die Perlen der Gesätzchen sind mattblaues Email auf Silber; die Vater-Unser-Perlen Elfenbein; das Kreuzchen ebenfalls blaues Email auf Silber. Ein merkwürdiges Gefühl: die buddhistische Gebetskette ins Christliche aufgenommen zu sehen – wie wenn ein alter Tempel zur Kirche wird.

Und dann den goldenen Rosenkranz. Eine Marotte von mir: etwas Reines und ganz Kostbares zu haben. Er ist nicht ganz geworden, wie ich ihn gewollt habe. Das Gold ist zu rot und zu blank. Schade. Vielleicht kann man aber noch etwas damit machen.

München, Dienstag 29. 9. 53

Gestern früh sollte ich abreisen. In der Nacht vorher konnte ich kaum schlafen und mußte feststellen, daß die Kiefern- und Stirnhöhlensache von vergangenem Jahr sich wieder rührte.

Wie seltsam, wenn das in solchem Augenblick kommt! Was – in der Tiefe des Gemüts – will, daß nicht gefahren werden könne?

Ich bin dann liegen geblieben, und heute ist es besser, nachdem Dr. Bruckmeyer eine Injektion gemacht hat und ich allerlei Zeug geschluckt habe. Hoffentlich kann ich nun fahren, übermorgen. Auf jeden Fall drei Tage verloren.

Heute kam eine Einladung vom deutschen Botschafter in Rom, dort vorzutragen. Auch schwebt immer noch der Wunsch von Msgr. Montini. Aber ich riskiere keinen Aufenthalt im Herbst, um nachher mit irgendeiner Geschichte zurückzukommen.

Basel, 2. Oktober, Do. 1953

Gestern endlich abgereist. Gegen 5 Uhr war ich in Basel und hatte gleich den alten Eindruck von Sauberkeit und Wohlstand, der heute den von außen Kommenden in der Schweiz so zwiespältig berührt.

Ich habe dann mit Dr. H. allerlei besprochen betr. den Druck meines Aufsatzes über Weltanschauung von vor nun über dreißig Jahren, mit dem Nachwort von Dr. Fries, usw.

Heute nachmittag war ich bei Frau Dr. Kaegi (Adr. v. Speyr), wo ich H. U. v. Balthasar traf. Wir wurden einig, daß er die von ihm (auf Anregung von Hagner) geplante Auswahl aus meinen Schriften nicht machen würde. Sie würde ein System meiner Gedanken geben, und ich möchte noch freibleiben. Dafür wird noch später Zeit sein.

Am Abend fuhren wir im Wagen von Frau Dr. Hutton noch in das neue Heim des künftigen Johannesbundes, den Frau v. Speyr und Balthasar leiten. Man darf voll Erwartung sein, was aus ihm wird. Das Problem der Ordensgemeinschaft in der Welt ist ja so wichtig, und dieser Versuch ist interessant.

Im Gespräch wurde mir eines klar: das religiöse Problem unserer Zeit besteht nicht sosehr in der Frage, ob Gott ist und wie er ist, sondern darin, ob und wie eine Koexistenz der Welt mit Gott möglich sei. Ob in einer solchen Gott und der Mensch, als Inbegriff der Schöpfung, Mensch sein könne. Das Problem hat in der neuzeitlichen Autonomieforderung begonnen und in der Existenz-Alternative Nietzsches seine letzte Formulierung gefunden. Kommunismus und Existenzialismus ziehen die praktischen Konsequenzen.

Im vergangenen Semester habe ich im Ethikkolleg nur vom Autonomiegedanken gehandelt. Im nächsten will ich mit dieser Formulierung beginnen.

Wenn sie richtig ist, müßte man die ganze religiöse Arbeit darauf konzentrieren, zu zeigen, daß nur mit und in Gott der Mensch Mensch ist – die Offenbarung aber über Gott gerade darin besteht, daß Er Jener ist, der die Welt, den Menschen und dessen Erlösung zur letzten Existenz will, d. h. „liebt".

Milano, So. 4. Okt. 1953

Gestern abend mit Verspätung hier angekommen. Aleardo und Giuliano waren am Bahnhof. Wieder einmal in der Familie – für mich immer wieder ein so wenig realer Zustand, da ich seit meinem achtzehnten Jahr außerhalb ihrer lebe; sie auch in sich nicht viel Realität für mich hat, obwohl ich mit allen gut stehe.

Heute morgen zur Messe im Dom. Man ist sich einig, daß er künstlerisch nicht viel wert sei, pompös und was immer – z. B. nicht fähig, neben dem herrlich klaren St. Ambrogio zu bestehen. Und dennoch erfaßt einen immer wieder die Macht des gewaltigen, dämmernden Raumes zwischen den vielen, riesigen Pfeilern, in dem man so feierlich hingehen kann.

Am Nachmittag sind wir an den Lago Maggiore gefahren. Aleardo hat mir von seinen schweren Sorgen erzählt, und wir haben bedacht, ob ein Weg, den P. Babolin gewiesen hat, vielleicht gangbar sei.

Milano, Mo. 5. Okt. 53

Picassos Ausstellung im Palazzo Reale; etwa 800 Werke. Sie haben mich ganz durcheinander gebracht.

Ich habe nicht gewußt, daß P. so stark sei. Mir stand er als ein Könner und zugleich als ein Experimentierer, vielleicht sogar Bluffer im Bewußtsein. Er ist mehr. Nicht groß, in der echten Bedeutung des Wortes, aber stark, und von heftiger Produktivität.

Seine ruhigen Dinge – z. B. die Kinderbilder, manche von ihnen – sind schön. Die Vasen und Teller zum Teil echte antike Tradition. Die anderen, surrealistischen, oder wie man sie nennen soll, erschreckend.

Mit einer grausigen Monotonie, freilich immer neuen Mitteln in Farbe und Form, wird das Gleiche getan: die innere harmonische Bindung der Menschengestalt gesprengt. Von dorther treiben jeweils die verschiedenen Elemente von ihr hinaus: Glieder, Organe, Bewegungen. Immer wieder kam mir die Parallele zur „Sprengung des Atoms" ins Bewußtsein. „Natur" ist der Inbegriff der Kräfte, aber gebunden und bezogen. Hier wird Natur gesprengt, und die Elemente stürzen als Leidenschaften, als Entstellungen, als Explosionen heraus. Die Person wird vernichtet. Aus dem Menschen werden Tiere, Blöcke, Maschinen. Es sind die Impulse, die die letzten Kriege und Totalaktionen bewirkt haben.

Im Thronsaal konnte man erschrecken. Ein Riesenraum, dessen unzählige Statuen und Säulen an den Wänden noch alle zertrümmert oder verstümmelt waren. Vollkommen leer und von den verschiedensten Seiten her indirekt beleuchtet. Darin standen zwei ungeheure Gemälde: der Krieg und der Frieden. Ich weiß nicht, was furchtbarer war, dieser „Krieg" oder dieser „Friede" – diese entfesselten Wesen, die töteten oder tanzten!

Daneben zwei kleinere: „der Schlachtraum", von zerhauenen Menschenkörpern erfüllt, und die „Eschießung" einer Gruppe nackter Frauen durch eine ebensolche nicht mehr menschlicher Krieger.

Was wird aus uns, inmitten dieser Mächte? Mächte um uns, aber zuerst in uns? In jedem von uns? Die eine große Gefahr der kommenden Zeit heißt: werden die aus dem Atom entfesselten Energien durch sittliche Kraft gebunden werden können? Die größere heißt: werden die durch den Autonomiewillen losgegebenen seelischen Impulse durch eine neue Frömmigkeit gebunden werden?

Isola Vicentina, Mittwoch 7. 10. 53

Mit Aleardo in Bologna gewesen.

Der Weg geht durch das kommunistische Gebiet der Emilia; das Land von Don Camillo, wo die Dinge so ganz anders hart und gefährlich sind, als das Buch sie zeigt – so daß man denken könnte, es hätte in Wahrheit sehr geschadet, weil es die Gefahr im Humor auflöst, während der Kommunismus absolut humorlos, zerstörende Radikalität ist.

Heute im Wagen von Mario über Brescia und Verona hergekommen. In Brescia habe ich die Morcelliana besucht und einige Verlagssachen besprochen.

Bei Übersetzungen ist mir nie wohl – bei italienischen besonders wenig. Die Übersetzer arbeiten in der Regel mangelhaft, oft geradezu schlecht. Man kommt aber nicht dagegen auf; die Zeit fehlt.

Isola, Sonntag, 11. Okt. 53

Der Garten – schon mehr ein Park – ist wunderschön. Es hat in den vergangenen Monaten so viel geregnet, daß alles Grün noch in frischer Kraft steht. Das Wetter ist herrlich klar, und unter den schönen Bäumen hinzugehen, macht manchmal für einen Augenblick ganz glücklich.

Ein Baum ist ein Urding; voll Geheimnis und zugleich sich selbst als sichere Wirklichkeit bezeugend. Und wie stark diese Bezeugung sich in immer neuen Gestalten vollzieht! Wie entschieden ist die Baum-Magnolie sie selbst mit ihren festen, glänzenden Blättern, die wie Dinge sind und im Winter nicht fallen . . . Die Blutbuche, aufsteigend in klarem, durchmodelliertem Stamm und eine Welt aus dem Raum herausgreifend . . . Die Deodarbäume, deren Zweige unten sich auf den Boden niederbreiten, um sich dann immer stärker hinaufzuheben, bis sie zu einer stumpfen Spitze zusammengehen und das Ganze eine mächtige Pyramide bildet . . . Die Silberpappel, wirklich hell wie graugrünes Silber an Blättern und Gezweig . . . Der „Gingko biloba“, mit den seltsamen Blättern, im Sonnenlicht ganz golden, vor welchem man an Goethe denkt . . . Die Pinie – pina maritimo –, die einen Eindruck von so freier Höhe erweckt und mir immer das Gefühl südlicher alter Geschichte erweckt . . . Und endlich die Libanonzeder, mit ihrer herrlichen, Anmut gewordenen Mächtigkeit . . . Schön ist das alles. Deutlich, sprechend, und immer wieder ins Unsagbare zurücktretend.

Seit fast dreißig Jahren bin ich – die schlimmen des Krieges bis 48 ausgenommen – immer wieder hier herumgegangen.

Fast alle Vorlesungen sind hier entstanden, die nachher sich zu Büchern geformt haben. Aber nie habe ich das Gefühl gewinnen können, das alles gehöre uns, und also auch mir. Immer war es nur eine Erlaubnis, darin zu sein. (Ebenso, wie vor dem schönen Haus, das so wunderbar ausgeglichen ist.)

Mir ist dieser Tage wieder zu Bewußtsein gekommen, wiesehr mein Denken dem künstlerischen Schaffen ähnelt. Zuerst sucht es herum, bis es den fruchtbaren Punkt gefunden hat; dann umkreist es ihn, und allmählich entfaltet es sich. Ich kann nicht sagen, daß ich es bin, der es tut, sondern es tut sich selbst. Aber der Dienst an diesem Geschehen, das Umgreifen, Hüten, Darauf-Achten und zugleich Nicht-Beirren ist ebenso anstrengend wie eine eigene Aktivität. Alles muß durch die innere Geburtsmitte gehen. Nichts kann von außen her angestückt werden. So bildet sich sofort Gestalt, die dann immer reifer und reicher wird.

Trotzdem ist es nicht ein Kunstwerk, was da entsteht, sondern Einsicht, Wahrheit; Wiedergeburt des von selbst Seienden als Erkanntes; Gestalt, aus Wahrheit gebildet.

Für die ganze Ethik, die sich nun schon ins siebente Semester erstreckt, habe ich kein Buch aufgemacht. Ich könnte es gar nicht. Es würde den Vorgang beirren und Aufgaben ganz anderer Art stellen.

Nun versuche ich, als letzten Teil des Ganzen, die Ethik des christlichen Daseins zu zeichnen. Der Zusammenhang wird immer klarer. Wieder als lebendige Gestalt, aus dem Offenbarungsgeschehen, der heiligen Geschichte heraus. Christliche Sittlichkeit als ein Angerufensein durch den heiligen Gott und sein Mittun mit seinem Handeln.

Isola, Montag d. 12. Okt. 53

Wir waren in Verona, ich habe mir bei Crivellini einen Anzug bestellt. Dann sind wir herumgelaufen, und ich habe wieder gefühlt, wie viel näher mir die Stadt ist als Mailand. Ich bin eben doch nicht umsonst in der Via Leoncino geboren, die an der Arena vorbeiführt.

Auf dem Rückweg sind wir nach Colognola di Colli gefahren und haben die Villa der Großeltern mütterlicherseits aufgesucht. Man ließ uns in den Garten eintreten – die Besitzer waren gerade abwesend –, und alles war nicht viel anders, als es gewesen, wie wir als Kinder bei den Großeltern zu Besuch waren. Nur daß doch über fünfzig Jahre vergangen waren – und zum Teil welche Jahre! . . . Ich mag keine Erinnerungen. Was vorbei ist, ist für mich sehr vorbei; ganz abgesehen davon, daß auf dem Grund aller Erinnerung das Gefühl liegt: Du hättest dein Leben besser verwenden sollen; das kurze Leben, das jetzt, auch wenn es „lang" werden sollte, doch am Ausrinnen ist.

Wie verkehrt sind alle Dinge . . .

Zuhause fand ich ein Telegramm der Akademie der Schönen Künste, das anfragt, ob die Vortragsreihe schon acht Tage früher beginnen könne. Das bedeutet, daß ich mehr arbeiten muß.

Isola, Mittwoch 14. 10. 53

Ich lese wieder Thomas Manns „Lotte in Weimar". Das Buch ist unglaublich gekonnt – obwohl das Kapitel mit der Erzählung der Adele Schopenhauer unverhältnismäßig lang, auch in der Darstellungsart monoton ist.

Die Psychologie ist subtil und scharf; und die Entschiedenheit, mit welcher die unerfreulichen oder doch kümmerlichen Seiten Goethes genannt werden, hat etwas sehr Erfrischendes.

Durch das Ganze sieht sich aber eine schlimme Gnosis; d. h. eine Technik, das wesenhaft Verschiedene durch die Analogien und Parallelen so ineins zu schieben, daß keine Unterscheidung und damit kein Charakter mehr bleibt.

Hier bin ich immer auf der Suche nach dem alten Italien – wahrscheinlich dem meiner Kindheit –, in welchem es noch kein Eisenbeton, keine Motore und keine Lautsprecher gab. Aber es verschwindet überall. Und wo die Bauten noch da sind, sind doch die Menschen anders.

Isola, Freitag 16. 10. 53

Schlimme Regengüsse heute. Ein Wolkenbruch, der über eine Stunde gedauert hat und dann immer noch weiter, wenn auch nicht mehr so schlimm. Die Luft schwer und warm. Auch jetzt noch, um halb zehn abends. Das ganze Haus ist feucht.

Man denkt an die Überschwemmungen von vor zwei Jahren und sorgt sich.

Welche Stille ist hier. Draußen kein Laut. Das Haus so groß und fest gebaut, daß man von anderen Räumen her nichts hört. Nur das Feuer im Kamin brummt.

Wie oft habe ich seit über 25 Jahren hier so gesessen, in dem Zimmer mit den Wandfresken, den Bücherschränken und dem großen Tisch. Das heißt, vor Bruder Ginos Tod waren andere Möbel da. Dann kamen solche aus seinem Nachlaß herein. Aber die Stille ist, wie sie war. Hier habe ich die Vorbereitungen all meiner Vorlesungen geschrieben, aus denen nachher die Bücher entstanden.

Nachher werden Mutter, Mario und Romana schlafen gehen. Um halb zwölf werde ich aufstehen, nach dem Feuer sehen und auch gehen. In der Halle werden ringsum die Wandlichter brennen, die Mario anläßt, demit ich sehen kann. Die brennen still, und zwischen steht die große Plastik, eine marmorne Venus mit dem Cupido. Das ist immer feierlich und ein klein wenig unheimlich.

Ich drehe dann die Lichter ab und gehe die Treppen hinauf. Die obere Halle ist dunkel und wird plötzlich wach, wenn ich eine Lampe anstelle. Sie ist viereckig, 12 Schritte auf jeder Seite, und darüber eine runde Kuppel, ich glaube, 10 Meter hoch. Oben an den Wänden Grisaillen, und zwei große klassizistische Landschaften darunter.

Das Bild ist immer wieder schön; der hohe Raum, der so gar nicht in unsere kümmerlich bedrängte Wohnverhältnisse paßt. (Der Raum meiner ganzen Wohnung ist kleiner als der des Eßzimmers hier.) Von allen Seiten gehen die Schlafzimmer auf ihn hinaus, und man denkt unwillkürlich eine Goldonische Komödie sich abspielen.

Aber alles ist einsam, immer einsamer, und ich denke, es wird nicht lang mehr dauern . . . In allem fühlt man das Zu-Ende-gehen.

Ich lese weiter in „Lotte in Weimar“. Voll geistreicher Gedanken, aber eigentümlich monoton. Alles ist zu lang.

Isola, Sonntag 18. 10. 53

Gestern bin ich mit der Disposition – eigentlich mehr ein Entwurf, denn es sind 30 Seiten Stenogramm – des Ethikkollegs im Wintersemester fertig geworden. Wenn die Zeit reicht, arbeite ich jetzt das Ganze noch einmal durch und stimme die Einzelheiten besser auf einander ab. Muß auch sehen, daß das „Ethische“, besser gesagt: die Aufgabe, die Anforderung, stärker herauskommt.

Sorge macht mir auch, wie der letzte Teil, über die eigentliche christliche Lebenslehre, mit den vorausgehenden zusammenstimmt. Das besser zu machen, wird Sache der zweiten Lesung sein.

Nun muß ich den Akademie-Vortrag entwerfen. Er soll schon am 16. 11. gehalten werden.

Als ich heute ein Stück in den Selbstgesprächen Goethes bei Thomas Mann las, habe ich vielleicht verstanden, was für ihn „Natur" war und daß man, bis zu einem gewissen Grad, mit ihr allein auskommen könnte: das Unbekannte, in allem sich Offenbarende; in jeder Einzelheit Arbeitende, und doch Eine . . . Aber in Wahrheit ist es doch ein Zweites, Empörtes, Dämonisiertes.

Isola, Dienstag 20. 10. 53

Heute Nacht hat es beständig gewittert und in Strömen geregnet; minutenweise gehagelt, als schlügen lauter Kieselsteine gegen die Läden. Das große, räumige Haus hat gedröhnt.

Wie Geister sind dieser Tage zwei Briefe an mich gekommen. Den einen gab mir Mutter; ich hatte ihn vor 10 1/2 Jahren aus Berlin an sie geschrieben – so wie man 1943 schreiben konnte.

Der andere kam aus noch weiterer Vergangenheit. Ich hatte mir die „Liturgische Bildung" herausgeholt, die neu aufgelegt werden soll. Das Exemplar stammte aus der Bibliothek von Gino. Ich hatte es ihm geschenkt, und nun lag darin ein begonnener Brief an Any, den er offenbar 1923 in Berlin schreiben wollte. Nur die Anrede und anderthalb Zeilen . . .

Heute kam ein Brief von München, Frl. Chrz., meine langjährige Sekretärin, habe ins Krankenhaus gemußt; es gehe ihr gar nicht gut. Große Beunruhigung, obwohl ich seit langem darauf gefaßt sein mußte. Wer weiß, was wird?

Isola, Donnerstag 22. 10. 53

Ich bin mit Thomas Manns „Lotte in Weimar" fertig geworden. Ein unglaublich gekonntes Buch – mir scheint, ich habe das schon einmal geschrieben. Was aber das Gesagte selbst angeht – jeder Satz ist richtig und falsch zugleich. Und auf eine böse, giftige Art falsch, nämlich gnostisch. Ich weiß nicht, ob der wirkliche Goethe so denkt; der des Thomas Mann schafft jede Entscheidung hinaus. Alles steht im Sowohl-als-auch. Wenn man nur hoch genug hinaufgeht, lösen sich alle Widersprüche, ja sie werden notwendige Elemente im Ganzen. Der höchste Wert ist die Ironie, dichterisch gesehen die Parodie, das souveräne Spiel dessen, der im Ganzen steht und daher, innerhalb dessen, nichts ernst nimmt – die Haltung des Rilke'schen Engels, für den alle Wesen Puppen im Marionettenspiel des Daseins sind.

Ich habe mir aus Ginos nachgelassener Bibliothek jetzt die „Buddenbrooks" geholt. Zwischen den beiden Büchern liegt eine lange Zeit. Will sehen, ob dazwischen etwas passiert ist. Nach den Novellen, etwa dem Tonio Kröger zu urteilen, wahrscheinlich nicht viel.

Isola, Samstag 24. 10. 53

Beständiger Regen. Dazwischen eine Kette von Gewittern. Vor kurzem wieder eins. Jetzt ist es zum zweiten Mal seit Wochen hell. Von den hinteren Fenstern sieht man die Berghöhen weiß von Schnee; festlich und still.

Aber überall sind Überschwemmungen. Dieser Tage waren wir in Padua und konnten den gewöhnlichen Weg nicht benutzen, weil eine Brücke unter Wasser steht. So mußten wir über Cittadella fahren – ein altes Städtchen, das noch seine mittelalterlichen Mauern hat, wie Marostica. Nachdem wir es verlassen hatten, sahen wir weithin die Felder unter dem Wasser des Brenta.

Jetzt ist es kühl. Vor einigen Tagen noch war schwere, schwüle Luft; unheimlich, wie Flut-Drohung.

Isola, Montag 26. 10. 53

Der Vortrag über die Situation des Menschen im Raum der Technik ist in zweiter Redaktion fertig. (Er soll die Reihe einleiten, welche die Akad. der Schönen Künste über Technik und Kunst veranstaltet.)

Die Sache war schwierig. Einmal weil es sich darum handelt, eine sehr komplexe Sache in einem einzigen Vortrag so zu behandeln, daß ein Bild herauskommt. Und dann, weil man so Vieles nennen muß, das nicht mehr ist oder in Gefahr ist, und doch kein nur negatives Bild entstehen darf; das wäre nicht wahr. Und außerdem würden die Hörer, jedenfalls die jüngeren, einfach nicht zuhören. Sie müssen ja doch leben und daher bejahen können.

Das Ganze ist stenographiert, und das macht einen Überblick unmöglich. So weiß ich noch nicht, wieweit die Sache gelungen ist.

Isola Vic., Donnerstag 29. 10. 53

Ein paar Gedanken oder Einsichten, die mir gekommen sind:

Bei einem Pontifikalamt: In einem ziemlich langen Zug bringen die Akolythen nach der Terz die Paramente zum Sitz des Bischofs, immer ein Kleidungsstück nach dem anderen. Das hat mit „Kleidung" in unserem Sinn, Ausdruck der Persönlichkeit, Nutzen, Schmuck usw. nichts zu tun. Sondern jedes Stück ist eine Mächtigkeit, die angetan wird. Soviel als möglich. Und dann steht der Pontifex da und schreitet, erfüllt mit Macht, zum heiligen Werk, von dem Gemeinde und Welt leben. So ist das; und jeder Protestant, jeder Rationalist wird Zeter rufen über den Greuel und Unsinn – und doch ist es so.

Warum Christus nicht in Macht durchgebrochen – oder aber fortgegangen ist und sich gerettet hat? Dann wäre nicht die ganze Wirklichkeit des Menschen zum Vorschein gekommen – die Epiphanie der Verlorenheit wäre nicht ganz geschehen. Der Mensch hätte nicht erfahren, wie sehr zerstört er ist.

Isola, Sonntag 1. 11. 53

Das Menschenwesen ist geheimnisvoll gebaut. Alles ist geschenkt, denn vom Grundbestand kann man sich nichts geben und nichts wegschaffen. Aber innerhalb der Daseinsgabe kann man erkennen, daß man das, was man hat, bezahlen muß. Der Mensch, das wird mir immer wieder deutlich, ist das universelle Wesen. Er ist auf das Ganze der Welt bezogen, und darum hat er selbst Weltcharakter. Innerhalb des Universellen bekommt er eine spezielle Bestimmung; aber er übersteigt sie durch jene Allmöglichkeit. So weiß er um seine Eingeschränktheit; und daß er sie annimmt, ist der Preis für das, was er ist. Man hört aber nie auf, den Preis zu spüren.

Es gibt eine Art des geistigen Schaffens, die mit dem Fühlenkönnen bezahlt werden muß. Man sieht das ein, aber man kommt nie über die Tatsache weg, daß das Leben leer ist. Damit die Werke entstehen können, muß das offenbar so sein; aber daß das so ist, streicht das Leben aus. Das wirkt in alles hinein; ins eigene Sein und in die Beziehung zu den Menschen.

Wenn man das klar einsähe – innerlich, nicht nur intellektuell – und es in Treue verwirklicht, könnte man – beinahe hätte ich gesagt: heilig werden. Es ist aber eine so kümmerliche Mühsal.

Isola, Dienstag 3. 11. 53

Ich habe mich heute gefragt, warum ich eigentlich dieses „Tagebuch" zu führen versuche. Warum führt man überhaupt Tagebuch?

Man könnte es tun, weil man sich selbst zu Gesicht bekommen, das Gefüge des eigenen Daseins verstehen und, vielleicht noch dazu, mit sich selber vorankommen will. Das ist bei mir nicht der Fall. Ich bin mir selbst eigentlich kaum interessant. Ein paar Mal hatte ich das Gefühl, hinter meinem Dasein sei ein verborgener Sinn und Wille – wie das jeweils bei jedem Menschen der Fall ist –, aber eben der meine. Doch ist das kein biographisch faßbarer Sinn, und ein Tagebuch hilft nicht dazu, ihn zu sehen.

Oder man könnte ein ausgesprochen biographisches Interesse haben; den Wunsch, zu erzählen, was geschehen ist und wie sich darin das eigene Leben entfaltet hat – verbunden mit dem Nebengedanken, es auch anderen zu erzählen. Dieses Interesse habe ich ebensowenig. Die Frage: was ist geschehen? und: wie ist es zugegangen? ist in mir überhaupt nicht lebendig; auch nicht mir selbst gegenüber.

Was bleibt also als Motiv? Vielleicht der Wunsch, etwas aus dem furchtbaren Vergehen des Lebens zu retten – bei mir besonders schlimm, weil ich ein so schlechtes Tatsachengedächtnis habe, überhaupt ein schlechtes Gedächtnis. Mein „Gedächtnis" besteht darin, einen Gedanken immer neu hervorbringen zu können. Die Haltung, in welcher man einen Vorrat an Wissen hat, einen Reichtum an Bildern von Vergangenem, den man aufrufen kann, ist bei mir sehr schwach entwickelt. Ich muß alles hervorbringen, aus dem Gegenwärtigen heraus. So habe ich den Wunsch, vom Vergehenden einiges zu retten.

Ich fürchte aber, es wird mir nicht viel helfen, denn ich werde es kaum wieder lesen. Da kommt die andere dunkle Macht: die Schwermut. Erinnerungen machen mir Angst. Das Vergangensein ist furchtbar.

Wem Gott einst gnädig ist, wird man in Ihm alles Geschehene wiederfinden. Dann ist Er mein Gedächtnis – und, so mag er es geben, im Raum der Liebe.

Ich merke, daß ich eigentlich auf die Frage keine richtige Antwort gegeben habe. Warum ich dieses Tagebuch schreibe? Ich tu es eben . . .

Isola Vis., 5. 11. 53

Immer wieder kommt mir ein eigentümlicher Gedanke – aber es ist mehr als ein Gedanke: die Berührung durch eine Tatsache, daß Gott die Wahrheit ist. Doch so klingt es wie ein Gemeinplatz. Ich muß es genauer sagen. Wenn ich im Hin und Her der Selbstentschuldigungen mir sagen muß: das ist aber so und so, und es hilft nichts dagegen, dann kommt das Gefühl: die Unaufhebbarkeit dieser Tatsache oder dieses Zusammenhangs – das ist Gott. Noch einmal genauer: in dieser Unaufhebbarkeit, die Wahrheit heißt, offenbart sich Gott.

„Die Wahrheit" – das ist eine Abstraktion; für eine Weise, wie Gott Er-selbst ist.

Überhaupt ist die letzte Antwort – ich sage, die letzte, die gegeben wird, wenn alle anderen gegeben sind; oder die gegeben wird durch alle anderen hindurch. Die letzte Antwort auf alle Fragen lautet: das ist so, weil Gott Gott ist. Der Satz vom Horeb ist Anfang und Ende alles Denkens: „Ich bin der Ich bin".

Isola Vis., Sa. 7. 11. 53

Ich habe vorhin einige Hefte der Wochen-Illustrierten „Oggi" durchgesehen und bin wieder ratlos über die Schamlosigkeit der heutigen Publizistik. Die Zeitschrift gilt als gut und anständig. (Nebenbei gesagt, war vor einiger Zeit ein längerer Artikel über mich selbst darin.) Vom Standpunkt des Erotischen ist sie es auch – für heutige Maßstäbe. Aber von dem des Personellen! Da werden in ganzseitigen Bildern lange Reihen von ermordeten Koreanern gezeigt, und davor Frauen mit schmerzverzerrten Gesichtern, die ihre Männer wieder erkennen. Oder ein großes Bild zeigt eine zum Tod verurteilte Frau – mit Namen und Umständen –, die von Mann und Kind Abschied nimmt . . . und so fort.

Was für eine Atmosphäre kommt da herauf! Die Zeit ist nicht fern, in der man einfach um sein Leben wird kämpfen müssen gegen ein Veröffentlichungswesen, das verbrecherischer ist als die alte Raubritterei.

Und das Schlimmste wird sein, daß die Veröffentlichten selbst einverstanden sind.

München, Di. 11. 11. 53

Gestern wieder zurückgekommen. Eine Zeit von über fünf Wochen abgeschlossen. Immer wieder fühle ich den Augenblick voraus, in dem es heißen wird: „Alles abzuschließen – nichts mehr", bis aufs letzte Abschließen und Hindurchgehen selbst.

In der Zeit ist manches getan worden. Das Ethikkolleg wird gut, wenn es so gelingt, wie ich es mir in der Disposition gedacht habe. Was freilich die Hörer sagen werden, wenn ich versuche, das Sollen aus dem genuinen Offenbarungssinn abzuleiten? Auch der Akademievortrag ist einigermaßen in Ordnung – obwohl mich immer wieder das Gefühl überfällt, er tauge nichts.

Und die andere Angelegenheit –

Frl. Chrz. ist noch im Krankenhaus. Die Sekretärin von Johannes Spörl hilft mir aus. Das Ganze wird etwas bedrängt werden.

München, Do. 13. 11. 53

Ich habe einen Zettel gefunden, auf dem ich eine Art Gedicht in französischer Sprache aufgezeichnet habe, das im Traum entstanden war – oder im Halbtraum, ich erinnere mich nicht mehr genau. Eine sonderbare Sache, das Ganze. Es lautet so:

Le cygne parle:
Sois le bienvenu dans ce monde étrange
O toi dont l'âme est ouverte comme celle de l'ange
qui reçoit l'ordre du Seigneur Dieu . . .
Le monde est grand et tout vert et rouge
et bleues sont les profondeurs de la terre et du temps . . .
Weiter geht es nicht.

München, So. 15. 11. 53

Heute war der erste Gottesdienst in St. Ludwig. Sehr viele Menschen; so viele, daß man nicht weiß, ob man sich freuen oder unruhig sein soll.

Ich habe über das Wort in der Schöpfung und in der Sprache geredet. Als Einleitung in die Semesterarbeit. Was denken sich die Hörer – im Durchschnitt –, wenn man ihnen von der Verantwortung für die Sprache spricht? Ob sie sich überhaupt etwas dabei denken?

Meine Influenza macht mir Sorge. Hoffentlich kommt sie mir nicht in die Quere – morgen soll der Vortrag in der Akademie stattfinden.

München, Mo. 16. 11. 53

Der Vortrag ist also gehalten worden. Die Zahl der Hörer über alles Erwarten groß. Das Auditorium Maximum in der technischen Hochschule war überbesetzt; dazu Übertragung in zwei andere Hörsäle.

Was die Hörer aufgenommen habe, weiß ich nicht. Nach dem, was ich so erfahre, ist das sehr zweifelhaft. (Je länger ich im Rede-Handwerk bin, desto problematischer wird es mir. Aber man hat es nun einmal und man hängt daran und hofft, es werde schon etwas recht werden.)

München, Fr. 20. 11. 53

Nun sind die Vorträge vorüber. Sieben im Ganzen. Die Hörerzahl ist nach dem ersten noch gewachsen. Was geistig dabei herausgekommen ist, steht dahin. Jedenfalls war's ein Versuch der Akademie, aus ihrer würdigen Ruhe herauszutreten und etwas von dem zu leisten, was sie leisten sollte.

München, Fr. 20. 11. 53

Heute Nachmittag Fakultätssitzung. Unter anderem die Frage der Verbindungen, besonders der schlagenden. Pfeiffer sprach, gut und geradeaus. Auf seine Aufforderung hin auch ich – das erste Mal seit meiner Zugehörigkeit zur Fakultät!

Herausgekommen ist nicht viel. Die Sache ist ziemlich trostlos. Der Widerstand gegen die Restauration wird sich verlaufen, und auch hierin werden die Dinge werden, wie sie waren – d. h. eben deshalb schlimmer, als sie waren, denn die zwölf Jahre, der Krieg und der Nachkrieg liegen dazwischen. Man hat nichts gelernt und fühlt nicht die Kraft zum neuen Beginn.

Heute Abend war Heidegger hier. Menschlich schön und nahe.

München, Mo. 23. 11. 53

Seltsamer Abend. Manchmal ist es so. Ich sitze und lese irgend etwas und lege immer wieder das Buch nieder. Als ob die Wände dünner würden. Die Wände der Dinge. Auch die Wände meines eigenen Seins; und hin und wieder einmal habe ich gefühlt, wie es wäre, wenn ich wüßte, was mit mir gemeint ist . . .

Vielleicht habe ich heute – oder gestern und heute – eine Gabe empfangen. Immer wieder kommt der Gedanke: Wie kann Gott sein, was wir glauben, wenn Er die Welt erschafft, der Schlechthin-Seiende, die Welt, das Bißchen? Dann helfe ich mir mit dem Gedanken von Josef W.: die Liebe tut solche Dinge. Theologisch gesagt: Eben das ist Gott, Eben der, und ebenso, wie es sein muß, wenn Er dergleichen tun soll.

Ich habe nur Sorge, einmal verfängt der Gedanke nicht mehr . . .

Und nun kam mir ein weiterer Gedanke: Es ist eine Anmaßung von dir, Ihn in ein „Warum“ einschließen zu wollen. Nimm den Gedanken als eine Freundlichkeit Gottes, als eine kleine Türe, und Ihn selbst als den Unbegreiflichen.

Vielleicht genügt das. – Wieviel wird einst, vor dem Tod, zu bereuen sein . . .

München, Mi. 25. 11. 53

Ein Berg von Anfragen und Einladungen liegt da. Vorträge in Rom, Brüssel, Paris, Mexico, Köln, Zürich, Turin und so fort und fort. Ich scheine wirklich zu dem Kreis der „Führenden“ zu gehören. Aber es ist schauderhaft. Ich halte den Betrieb nicht aus, der damit verbunden ist. Ich habe weder das Interesse, noch die Ordnungskraft, noch die Fähigkeit, die

Namen und Dinge gegenwärtig zu halten, das alles zu einem solchen Betrieb gehört. Zuerst habe ich mich geplagt, um nachzukommen. Dann gelang das nicht; ich war aber durch das Versagen beunruhigt. Jetzt wird es mir gleichgültig.

Der Demokratismus ist furchtbar. Jeder tritt an Jeden heran und ist beleidigt, wenn der Angegangene nicht zur Verfügung steht. Das einzige Gegenmittel – soweit es wirkt – ist die Gleichgültigkeit. Man sagt nein oder antwortet überhaupt nicht. Mit der Zeit entsteht eine Atmosphäre, die ein wenig schützt.

München, Fr. 25. 11. 53

Heute ist mir wieder die alte Frage gekommen, wie das ist, wenn ein Mensch den anderen beurteilt. Ein bestimmter Anlaß brachte sie her. Einer sagte mir: der ist so und so. Dann spricht der andere: der erste ist so und so. Und ich bringe die Urteile nicht zusammen. Immer wieder geschieht das, und ich frage mich, ob ein richtiges Urteil überhaupt möglich ist. Früher habe ich versucht – wie oft! –, die beiden zueinander zu bringen; im Grunde fürchte ich, immer vergebens. Oft genug hat es die Sache noch schlimmer gemacht; denn der eine warf mir vor, ich nehme Partei für den anderen. Oder er warf mir vor, ich nehme nicht Partei und spiele den über dem Leben Stehenden, und das sei noch schlimmer.

Urteilen heißt in der Regel Stellung nehmen: ich bin für dich oder gegen dich. Stellung im Lebenskampf. Das kann hart sein; immerhin ist es klar. Es beansprucht aber auch, wahr zu sein, denn das begründet Recht. Und das ist eine Waffe, für oder gegen. Ist es aber wahr? Und recht?

Meistens ist es falsch; und nie ganz richtig. Und selbst wenn alles richtig gesehen wäre, Motive und Motive hinter den Motiven, alles, bis ins tiefste Unbewußte – dann bliebe immer noch, daß ich nicht er bin und daß ich ihn unter Urteil stelle, und das wäre falsch.

München, 27. 11. 53

Heute kamen die ersten Exemplare des Rilke-Buches. Ich habe die Sätze so oft gedacht und geschrieben, daß sie mir ganz verbraucht vorkommen.

So viel Arbeit hineingesteckt – und nun weiß ich nicht, ob all die Mühe einen Sinn hatte.

Dazu sind Druck und Einband enttäuschend. Vielleicht kommt später einmal eine Befriedigung.

Heute Nachmittag fragte mich auf der Straße ein Kind: „Wie spät ist es?" Schwermütige Art, nach der Zeit zu fragen! Wie „spät" ist es? Wie nah dem Ende?

Am Abend war ich zum ersten Mal bei B. in ihrer neuen Wohnung. Hell, geordnet und überzeugend. Ich freue mich für sie. Nun ist sie endlich wieder zuhaus – nach allem was war, seit der Württembergallee in Charlottenburg. Die neuen Wohnungen sind, wenn sie gut bedacht sind und man an ihnen nicht gespart hat, sehr richtig. Und doch habe ich ein großes Verlangen nach einer alten, ich meine, von vor 1850. Das Verlangen ist fast physisch; wie nach einem warmen und richtigen Anzug.

München, So. 29. 11. 53

Erster Adventsonntag. Ich hatte am letzten Sonntag mit einem Zyklus angefangen, über die Kirche. Den habe ich heute unterbrochen und vom Kommen gesprochen, das im Leben wirkt; dem, was zu einem kommt, und auf das man warten muß – freilich auch es aufnehmen. Vom Kommen Christi damals und immerfort . . .

Die Kirche ist in diesem Semester sehr voll; ich habe Mühe mit meiner Stimme.

München, Di. 1. 12. 53

Konzert im großen Residenzsaal; Trio Fischer, Schneiderhahn, Mainardi; Brahms, Beethoven, Schubert.

Die Künstler haben herrlich gespielt; der Saal war bis zum letzten Platz besetzt. Die Stimmung war wie an einem Fest: Erhobenheit, Freude, etwas wie Glanz über allem.

Warum soll man, wenn es Derartiges gibt, sich mit der häßlichen Mühsal der neuesten Künste quälen? Was hätten Griechen, Italiener, Franzosen der guten Zeiten zu einer solchen Zumutung gesagt? Man kommt mit der Frage nicht zur Ruhe, was die neuen Strömungen bedeuten. Die Erörterungen gehen in der Regel von Theoremen oder von Prinzipien aus, die allerlei zu sagen scheinen. Sobald man aber seine Augen aufmacht, kommt einem etwas Abstoßendes entgegen. Warum soll man das richtig, zeitnahe, verpflichtend und so fort und fort finden?

Gestern traf ich Riezler, der sagte, er habe in Köln Elektronenmusik gehört; sie sei ihm wie eine Offenbarung des Teufels vorgekommen.

München, Fr. 4. 12. 53

Vorgestern war Prof. Manacorda bei mir zu Mittag. Eine Erinnerung über fast zwanzig Jahre weg. Ich hatte ihn in Florenz besucht, und er hatte mir auf einem Gang durch die nächtliche Stadt den Umriß des Florenz Dantes gezeigt. Nun war er hier zu einem Vortrag. Er hatte am Dienstag im romanistischen Seminar über die Erscheinung der verschiedenen Künste in der Göttlichen Komödie gesprochen. Ich hatte nicht viel verstanden, denn mein Gehör wird zusehends schlechter. (Will sehen, wielang es dauert, bis ich mir einen Apparat kaufen muß.)

Er sagt „mio caro amico". Das will ja nun auf Italienisch ebenso wenig sagen wie auf Französisch. Aber er scheint etwas davon zu meinen. Das tut mir leid, denn ich fühle mich ihm nicht verbunden.

Er ist sehr alt geworden. Als er sprach, mußte ich immer denken, wie ein Maler des Quattrocento ihn auf die Leinwand gebracht haben würde. Ein kahler Kopf, nah bei einanderliegende kleine Augen, bleiche Haut, eine große, scharfe, schmale Nase und mit wenigen Zähnen. Er muß in vieles hineingeschaut und wichtige Leute gekannt haben: Pius XI., Mussolini, Hitler, und wen immer noch. Deutsche Literatur, Patristik, Übersetzung von R. Wagners Texten, Aesthetik, Philosophie – ein seltsames Gemisch.

München, So. 6. 12. 53

Die Fakultätssitzung gestern hat mich vieles gelehrt. In einer Liste 1948 hatte K. an erster Stelle mit nachdrücklicher Empfehlung für den Lehrstuhl für Literaturgeschichte gestanden. Aus „Gründen der Anständigkeit", wie mir der damalige Universitätsreferent H. Rheinfelder sagte, war der an dritter Stelle stehende Protestant Borcherdt ernannt worden – über den nachher niemand glücklich war. Nun wurde – natürlich unter starkem Einfluß von Borcherdt, der emeritiert ist – K. überhaupt nicht auf die neue Liste gesetzt; wohl aber viel Jüngere. Wir – Dempf und ich, die zur Kommission zugezogen wurden – suchten auf K.'s Wert hinzuweisen und auf die Disqualifizierung, die ihm zugefügt wurde. Es hat aber nichts geholfen, und der wirkliche Grund ist klar. Man tut sehr sachlich-wissenschaftlich; in Wahrheit will man keinen Katholiken auf dem Lehrstuhl.

Heute in St. Ludwig waren viele Mützen zu sehen. Wie ich höre, ist in Bonn entschieden worden, das Farbentragen sei erlaubt. Jetzt kommt wieder eins nach dem anderen. Restauration in allem.

Nichts ist gelernt worden.

München, Mi. 9. 12. 53

Das Ethikkolleg ist eine schwierige Sache. In den vergangenen Semestern – jetzt ist es sein sechstes – ging ich mit Zuversicht hinein. Ich wußte, die Hörer würden lebendig reagieren. Jetzt fällt es mir schwer. Ich spreche über die christliche Ethik. Das hat keinen Sinn, wenn es nicht mit voller Klarheit geschieht. Aber vor 600 Hörern das zu tun, kostet mich große Überwindung. Man hat das Gefühl, gegen eine Wand zu sprechen. Nur selten meine ich durchzukommen. Aber vielleicht geschieht gerade dabei etwas Ordentliches. Wer will wissen, wann wirklich innerlich etwas klar wird? Und wie das geschieht? Wenn der magister interius docens spricht?

München, Fr. 12. 12. 53

Heute war eine eigentümliche Feier: für eine Gruppe von etwa 200 durch das Studentenwerk besonders betreuter Studenten, im neuen Haus des Werks.

Das Haus scheint schön. Einfach und hell gebaut in der Veterinärstraße, ganz nah der Universität. Im Saal der Mensa war die Feier.

Herr Schwaiger vom Biedersteiner Studentenhaus hatte mich eingeladen. Ich hatte gezögert; es war so gar viel zu tun. Auch wußte ich nicht, wie ich einen Weihnachtsvortrag halten solle, vor Leuten, von denen mir nicht bekannt war, wie sie religiös gesinnt seien. Schwaiger erklärte auf das Bestimmteste, es solle ganz positiv christlich geschehen.

So habe ich es also getan, und, nach scharfer Abhebung vom Falschen und Peripheren, von der Menschwerdung und dem Geheimnis der göttlichen Initiation gesprochen. Es hat mich Anstrengung gekostet; aber ich glaube, es ist gelungen, und es war wirkliche Stille im Saal.

Schöne Musik: Buxtehude, Bach, Händel.

Einige freundliche, sich im Allgemeinen haltende Worte von Magnifizenz Koestler; ein mattes und ein bißchen salbungsvolles Schlußwort von Staatsrat M.

München, So. 13. 12. 53

Die Ansprachen in St. Ludwig geben mir ein Gefühl von etwas Vollem. Sovieles kommt zusammen. Vor allem die großartige Haltung von Forsthuber, der sich an der Aufgabe so mitfreut und mitbemüht. Solche Pfarrer sollten wir mehr haben. Und dann die wunderbare Zuhörerschaft. Der größte Teil Männer; darunter sehr viele Studenten. Und sie hören mit einem so aufmerksamen Ernst zu. Ich halte alles fern, was nach Effekt aussehen könnte; aber die große Kirche ist ganz voll.

Die Vorträge – halb Vorträge, halb Predigten, vielleicht am wichtigsten Betrachtungen – machen mir viel Mühe. Aber sie freuen mich – soweit ich das kann. Die vielen lauschenden Gesichter! Ich habe Vertrauen zu ihnen. Aber ich darf doch nicht viel daran denken, wieviele es sind und was in ihnen vor sich geht.

München, Do. 17. 12. 53

Heute war die letzte Vorlesung vor den Weihnachtsferien. Sie sind dieses Mal lang. Es gibt sich so, daß ich erst am 11. 1. wieder anfange. Aber mir ist's recht. Es ist gut, wenn ich ein bißchen langsam tue.

Ich habe ein Sondervotum mitunterzeichnet, auf den hiesigen Lehrstuhl solle K. kommen. Zusammen mit Rheinfelder, Dempf, Lersch. Will sehen, wer noch dazukommt. Die Art, wie K. von der Berufungsliste der Fakultät ferngehalten worden ist, war übel. Man könnte eine Abhandlung darüber schreiben. Der wahre Grund ist eben doch, daß man keinen Katholiken will.

Wahrscheinlich werde ich Anfang Mai auf dem Verbandstag der deutschen Studentenschaften den Eingangsvortrag über die Verantwortung des Studenten für Wissenschaft und Kunst zu halten haben. Er muß so werden, daß er die Leute ein bißchen in Bewegung bringt.

Früher waren die Studenten Vortrupp. Jetzt sind sie Nachhut. Sie haben Angst für ihre Zukunft.

München, 4. Adv. 1953

Ich will es aufschreiben, obwohl es nichts aufzuschreiben gibt. Ich habe die Lichter vom Kranz angesteckt und mich im Eßzimmer nebenan an den Tisch gesetzt. Es war schon halb eins vorbei, ich wollte aber noch ein wenig lesen. So hatte ich mir die Donauland-Märchen hergelegt und las. Dann fühlte ich die Stille, die Lichter brannten, und mir war friedvoll zu Sinn, und alles war – ja es war voll. Gegenwart war da in allem. Nichts hätte gesehen werden können oder vernommen. Das niedrige lange Büfett, und der Tisch mit der alten Decke, und die Vorhänge vor den Fenstern. Aber „Es" war da. Nichts hätte gesagt werden können. Aber wenn das, was unfaßbar in allem war, hervorgetreten wäre, wäre alles erfüllt gewesen.

Ich bin dann niedergekniet und habe versucht, Ehrfurcht und Bitte zu sagen, ohne zu stören. Dann bin ich wieder zu meinem Buch zurückgekehrt, und wie ich von ihm aufsah, war immer noch alles still und freundlich; aber die Gegenwart war nicht mehr da.

Mü., 25. 12. 53

Manchmal ist Urteilen nötig, weil Nicht-Urteilen noch schlimmer wäre. Dann, wenn gewählt werden muß oder wenn gehandelt werden muß. Dann geht es einfach darum weiterzukommen, weil sonst das Leben steckenbleibt. Um ein Ungefähr also. Im Grunde ist kein Urteil über einen Menschen möglich.

Darum hat Christus gesagt: „Richtet nicht!"

Und doch wäre Urteil an sich so nötig; aber nur Gott kann es fällen – deswegen, weil nur Er alles durchblickt. Vor allem aber, weil nur Er, der souveräne Schöpfer, der den Menschen durch seinen Anruf als sein Du begründet, die Freiheit hat, die mit der Wahrheit und dem Recht identisch ist. Sein Urteil ist die andere Seite des Schaffens. (Aber jetzt geht mir der Gedanke ins Ungewisse, und ich weiß nicht mehr, ob ich nicht nur Wörter denke.)

Gestern abend habe ich in meinem kleinen Haushalt Christfest gehalten, wie immer. Wir hatten keinen Baum; aber eine schöne Krippe. Maria Stapp hat sie mir das letzte Jahr gemacht; groß, unsentimental und so, daß sie mehr ist als ein bloßes Kinderbildwerk.

Aber die Traurigkeit, die Weihnachten immer da ist, war auch dieses Mal da.

München, So. 27. 12. 53

Am Christabend war ich bei der Mitternachtmesse in der Theatinerkirche. Tewes hatte das Amt, ich habe die Ansprache gehalten, Kahlefeld hat die Schola geleitet.

Thema der Ansprache: daß unser Menschenbild nur in Christus gewährleistet ist.

Am zweiten Weihnachtsfest habe ich in Hesselohe gesprochen: über den Stephanusbericht als Offenbarung von Vorsehung.

Nachher bei Hans Waltmann, eine Darstellung von Kierkegaards Lehre vom absoluten Paradox diktiert; als Beitrag für eine Besprechung über die Entmythologisierungstheorie. Dann in Gogartens Schrift gelesen . . .

Diese ganze Denkart entmutigt mich. Sie ist mir zu kompliziert. Die meine ist viel einfacher. Einfacher im Grundansatz, trotz aller Komplikationen im Einzelnen. So geht es mir auch mit Heidegger. Ich weiß oft nicht nur nicht, was jeweils gemeint ist, sondern auch, was das Ganze will und soll. (Das habe ich ihm selbst übrigens schon gesagt, daß ich ihn nicht verstehe, weil ich viel einfacher denke. Er war sehr verwundert.)

Ich ziehe mich immer wieder darauf zurück, daß ich nichts anderes will, als die Kirche interpretieren.

München, Do. 31. 12. 53

Dienstag und Mittwoch lange Besprechungen mit Kahlefeld, Messerschmid, H. Waltmann, Frank über literarische Unternehmungen.

Es ging vor allem um die Umgestaltung der ,,Christlichen Besinnung". Die hatte schon eine Geschichte. Sie war von H. W. und mir im Sommer 1938 in Wilhelmshöhe geplant worden; als Reihe guter Broschüren über religiös-weltanschauliche Fragen, die zu billigstem Preis verkauft werden könnten und zur Vertiefung und Klärung, eben zur Besinnung beitragen könnten. Sie entwickelten sich gut, und besonders im ersten Kriegswinter haben Winterswyl und ich heftig daran gearbeitet. Rund 40 Hefte kamen heraus und wurden viel ins Feld geschickt. (Meine Abendvorträge in St. Canisius kamen zum Teil hinein.) 1940 wurde uns die Arbeit unmöglich gemacht.

Als der Verlag sich endlich wieder aufbauen konnte, wurde auch die Chr. Bes. wieder aufgenommen. Da aber für Broschüren keine Sympathie mehr bestand, gaben wir sie nun in Form von Sammelbändchen heraus. 1950 erschien, von Guardini, Kahlefeld, Messerschmid herausgegeben, das erste Bändchen; bis jetzt im Ganzen sieben. Das war eine magere Zahl für fast vier Jahre.

Nun denken wir an eine Umgestaltung derart, daß die Bändchen viermal im Jahr erscheinen und jeweils unter einem einheitlichen Thema stehen sollen. Dr. Frank soll die Schriftleitung übernehmen. Hoffentlich geht es.

Zugleich will Kahlefeld eine Reihe ,,Rothenfelser Vorträge" herausgeben, welche aus der Arbeit auf der Burg hervorgehen sollen. Sie sollen mit der ,,Besinnung" verbunden sein.

Von der Bundeszentrale für Heimatdienst habe ich Alan Bullocks Hitlerbuch erhalten und angefangen zu lesen. Es ist ruhig geschrieben – freilich weiß der Engländer nichts von dem, was im deutschen Wesen hinter den Dingen steht, über die er so nüchtern schreibt.

In dieser Sichtweise erscheint alles noch viel unbegreiflicher, als es ohnehin heute erscheint. Wie war das alles nur möglich! Und wie verweben sich ,,Notwendigkeiten" mit Unberechenbarstem?

München, Fr. 1. 1. 1954

Ansprache in Hesselohe über das, was vergeht und das, was bleibt. Ich glaube, es ist geraten, was mir als das Eigentliche am geistlichen Wort erscheint. Das schlichte, aus der Substanz der Offenbarung und Wirklichkeit kommende Wort.

Das Höchste wäre: von Gott zu erzählen.

München, So. 3. 1. 54

Auch heute wieder in Hesselohe. Es ist schön dort. Der Gottesdienst ist ohne Sentimentalität und Verzierung, klar und überzeugend.

Ansprache über die Gnade der Erkenntnis Christi.

Am Nachmittag waren Götzes hier. Man freut sich, mit ihnen zu sein. Sie haben einen so schönen und offenen Ernst.

Wieder einmal begonnen, Pindar zu lesen. Leider kann ich es nicht griechisch. Es ist weit und leuchtend.

Gestern abend war ich bei Sattlers, die von Rom für 2–3 Wochen hier sind.

Wie die Kinder gewachsen sind. Stefan, der kleinste, ist schon ein richtiger Schuljunge. Christoph, mein Patenkind, ist so groß wie sein Vater, und Birgit und Moni sind sehr besonders aussehende junge Damen. Maria aber ist, wie immer, der stille Mittelpunkt, und jeder freut sich, der sie sieht.

München, Mo. 4. 1. 54

Anruf von Mailand – Nachricht, bei R. sei die Lunge in Gefahr. Röntgenbild noch ungewiß, ob es sich um eine starke bronchitische Kongestion handelt oder um einen tuberkulösen Herd.

Alles erschrocken; R. selbst in heftiger Rebellion. Endgültiges muß die weitere Untersuchung ergeben. Dabei ist alles schon so schwierig!

München, Mi. 6. 1. 54

Epiphanie in Großhesselohe gefeiert. Ein frommes und schönes deutsches Choralamt, mit einer Sorgfalt gehalten, die beglückte.

Ich habe über den Sinn des Festes gesprochen. Man kann dort gut sprechen. Alles ist nah, aufmerksam und scheint bereit.

Nachricht von Mailand: der Zustand sei nicht bösartig.

Einen tiefen Eindruck von den ersten Pindar'schen Hymnen empfangen. Das ist großes Dasein!

Und die sicher schönsten der Hymnen, die religiösen – drei Viertel des ganzes Bestandes – verloren.

Wenn in Delphi das Opfer bereitet wurde, trat ein priesterlicher Herold auf und rief – lang nach Pindars Tod: „Pindar möge sich zur Tafel der Götter begeben!"

München, Do. 7. 1. 54

Bei der Vertretertagung der deutschen Studentenschaft im Mai soll ich den ersten der drei Hauptvorträge halten: „Über die Verantwortung des Studenten für die Wissenschaft".

Ich habe lange gezögert anzunehmen, denn was soll man über das Thema vor einer so großen Hörerschaft – allein 2000 von außerhalb Münchens! – sagen? Aber ich denke jetzt, es geht.

Heute habe ich den größeren Teil im ersten Entwurf diktiert. Für die Tagung selbst habe ich große Befürchtungen. Wenn es geht, wie es scheint, wird die Menge sehr groß. Ganz abgesehen vom Problematischen einer solchen Zahl an sich – aber sie scheint nicht einmal richtig durchgeformt zu sein.

München, Fr. 8. 1. 54

Ein weiteres Stück des Vortrages diktiert. Der Entwurf ist viel zu groß. Es werden etwa vierzig Seiten mit breitem Rand. So geht es natürlich nicht; aber zuerst muß einmal alles heraus, was im Thema steckt. Das Kürzen kommt nachher.

Am Abend einen reizenden Film gesehen: Lili. Ein Ding, das richtig fröhlich macht – fröhlich und nachdenklich zugleich. Eine schöne Mischung. Wie da, im Spiel zwischen zwei Menschenherzen, Marionetten ein Zwischenfeld schaffen, auf dem die Puppen Dinge sagen können, welche die Menschen sich nicht zu sagen trauen – ja, was diese in ihrem Bewußten noch nicht wissen.

München, Sa. 9. 1. 54

Immer wieder die gleichen Träume: das verlorene Rothenfels; das verlorene Isola; und studieren zu sollen, was ich nicht verstehe, ein Examen machen zu sollen, zu dem ich nicht im Stande bin. Die schlimmste Form des letzten Traumes ist lang nicht mehr gekommen: daß ich etwas tun soll, von dem Wichtiges abhängt, einfach alles, und ich nicht weiß, was es ist.

Dafür um so häufiger die beiden ersten, und der dritte in der genannten Form „Rothenfels" und „Isola" haben vielerlei Gestalt. Zugrunde liegt immer die mittelalterliche Burg und die italienische Villa. Aber so, daß sie schon verloren ist oder verlassen werden muß.

Manches ist beunruhigend: mein Gehör wird immer schlechter. Ich vergesse immer öfter Namen, als ob sich eine Wand davorzöge. Und das Sich-selbst-Hören wird stärker. Aber was soll man dagegen tun? Es ist das Altern, und ich habe keine Zeit, mich mit den Symptomen gründlicher zu beschäftigen.

München, Mi. 13. 1. 54

Kolleg über die ethische Bedeutung der Geschaffenheit. Ich glaube, das Gemeinte ist herausgekommen. Wenn der letzte Teil meiner Ethikvorlesung glückt, dann gibt es einen Entwurf einer wirklichen christlichen Sittenlehre. Nicht aus Begriffen oder Geboten hergeleitet, sondern herausgelesen aus dem konkreten Heilsgeschehen.

Ich habe angefangen, das Buch von Simenauer über Rilke zu lesen. Im Grunde eine Psychoanalyse seiner Persönlichkeit.

Viel Wissen, viel Arbeit. Man erfährt viel, auch Wichtiges. Man bleibt aber nach all der Libido-Psychologie degoutiert. Und enttäuscht, mit der Frage: ist das alles? Diese Dummheit: zu meinen, wenn man den psychologischen Mechanismus habe, wisse man etwas über den Sinn!

Heidegger zitiert in den „Holzwegen“ den Satz eines Philosophen – weiß im Augenblick den Namen nicht –, die ganze europäische Philosophie sei eine Fußnote zu Platon. So ist es auch. Platon ist das Entscheidende. Und jede Auflehnung gegen „Platon“ ist Auflehnung gegen das Wesen. Damit beginnt die Verantwortungslosigkeit.

München, Fr. 15. 1. 54

Schlimmer Hexenschuß. Und ich hatte gehofft, durch die Übungen von Herrn Novotny sei die Gefahr beschworen.

Kann man nichts machen, sondern muß weiter üben – und konsequenter.

Jedenfalls scheint die Sache nicht so bös zu sein.

Große Aussicht auf eine Wohnung. Sie liegt in Bogenhausen, in einer Villa, im Dachgeschoß. Hans Waltmann kümmert sich sehr darum. Die Wohnung liegt zur Universität gerade richtig: eine halbe Stunde zu gehen, und entsprechend weniger mit dem Omnibus. Schöne Möglichkeiten zum Gehen im Englischen Garten und an der Isar. Es sind drei größere Zimmer, ein kleineres, ein kleines für Sekretariat und eine Kammer neben der Küche. In der Mitte eine hübsche Diele und ein Stück Garten. Die Lage ist nicht eigentlich schön, aber frei und ruhig. Freilich sehr teuer.

München, 16. 1. 54

Heute kam eine Nachricht, die mich mehr ernst als froh gestimmt hat, obwohl sie schön ist: die philosophische Fakultät Freiburg hat mir einstimmig den Ehrendoktor zuerkannt. Die Anregung ist von Johannes Spörl ausgegangen; von der Tatsache aus, daß ich zur philosoph. Fakultät gehöre, aber den theolog. Doktor habe.

Die näheren Beweggründe kenne ich nicht. Der Freiburger Dekan, Max Müller, will herkommen und die Urkunde übergeben.

So kommen die Ehrungen – und das Leben rückt eilig vor.

München, 20. 1. 54

Die Unpäßlichkeit dauert weiter an. Wohl infolge des wechselnden Wetters ist Asthma hinzugekommen und, wie es scheint, auch eine Art Grippe.

Solche Erkrankungen nehmen mir immer viel Zeit. Ich richte mich leicht in ihnen ein, und die Tage vergehen. Alles Passive in meinem Wesen, die schlimmen Seiten der Absichtslosigkeit kommen dann heraus und schaffen eine Art Zauberbergzustand.

Hinzu kommt, daß ich im Grunde über die scharfen Anstrengungen der Zeit von 45 bis 52/3 noch nicht hinaus bin. Da tun mir die Ruhe und die Pflichtenfreiheit ganz gut. Schließlich bin ich ja auch demnächst 69 Jahre alt; da ist einem wohl doch mehr erlaubt als in jüngeren Zeiten.

München, 25. 1. 54

Immer noch nicht in Ordnung. Ein Psychoanalytiker würde wahrscheinlich sagen, ich wolle krank sein. Ich habe wenig Ferien gehabt in meinem Leben.

In diesen Tagen lese ich mit großer Beteiligung das Buch von Simenauer über Rilke. Es ist die Psychologie, genauer gesagt die Psychoanalyse Rilkes, die schon lang fällig ist. Sie wird der Vergötterung ein Ende machen. Man wird zunächst darüber empört sein; trotzdem wird sie die Atmosphäre ändern.

Es ist eine schlimme Enthüllung. Sie setzt fort, was Demetz – und vorher die mir nicht bekannten Bücher von Butler und Mason – begonnen haben: den Menschen zu zeigen, an Stelle des „Heiligen“ und „Sehers“. Viel, unglaublich viel Richtiges. Natürlich vergleiche ich immerfort mein eigenes Buch mit ihm und sehe, daß wir, auf verschiedenen Wegen, zu analogen Ergebnissen kommen. So sehr, daß es ein Glück ist, daß es vor dem Erscheinen meines Buches noch nicht da war.

Aber die Atmosphäre ist trotz aller Wahrheiten doch unerfreulich, wie die Bücher der Freudianer eben sind. Entlarvungsaffekt und Materialismus. Sie wissen nichts vom Geistigen; vom Religiösen schon gar nichts; und glauben, etwas über Wert und Wesenheit gesagt zu haben, wenn sie sagen, nach welchen Mechanismen sie hervortreten.

München, Fr. 29. 1. 54

Ich habe den Mietvertrag unterzeichnet und bin froh, aus dem Überlegen und Zögern heraus zu sein. Die Wohnung ist teuer und der Vertrag geht auf 10 Jahre – eine lange Zeit in meinem Alter! Aber schließlich will ich es ein wenig behaglich haben.

Die Lage ist gut und die Entfernung zur Universität günstig. Ich kann, auf angenehmem Weg, in einer halben Stunde zur Universität und nach St. Ludwig gehen, meinen beiden offiziellen Zielen. So bin ich auch bald in der Stadtmitte.

Für Spaziergänge ist der Englische Garten da, wenn auch der weniger schöne Teil, und dann das Isar-Ufer.

Mir gruselt vor dem Umzug und den mancherlei Neueinrichtungen, aber das geht auch vorüber und hoffentlich gut.

München, Sa. 30. 1. 54

Eugen Jochum hat mir telefoniert, der Heilige Vater liege im Sterben. Er weiß es vom Rundfunk; die Nachricht ist noch nicht weitergegeben.

Sie ist mir nahegegangen, obwohl man auf sie gefaßt sein mußte. Ich denke an die Audienz in Castel Gandolfo, die in mir ein immer waches Gefühl der Verbundenheit und Verpflichtung geweckt hat. Seitdem ist er für mich *der* Papst. Jener, der mir das Vertrauen der Kirche ausgesprochen hat, nach dem mich, den Einzelgänger, immer verlangte.

Wenn er jetzt weggeht – wer kommt dann? Was wird aus seiner liturgischen Reform? Welches Regime kommt, in der Dialektik der Wahl-Nachfolge?

München, Mo. 1. 2. 54

Gestern war Frau R.-Rolland hier. Über Manches gesprochen.

Immer noch nicht in Ordnung. Ich benutze die Zeit, um auszuruhen.

Es ist aber auch manches im Werden. Die zweite Rede für die Ehrenpromotion ist so ziemlich fertig. Ebenso bis auf den Schluß die für den Studententag.

Abends lese ich die kleinen Propheten. Wie stark ist Joel. Und Amos. Und der geheimnisvolle Jonas, der vor Gott flieht, nicht weil er Angst hat, sondern damit das gehaßte Ninive sich nicht unter seinem Bußruf bekehre!

München, Do. 4. 2. 54

Heute habe ich zum ersten Mal seit genau drei Wochen wieder gelesen. Wo sind die Wochen hin?

Es war schön, wieder auf dem Katheder in Saal 224 zu stehen.

Hoffentlich bin ich am Sonntag in St. Ludwig.

Ich soll an der Festschrift für Preetorius mitarbeiten. An sich habe ich gar keine Beziehung zu ihm. Aber ich werde es wohl tun müssen, um der Akademie willen.

Vielleicht über das letzte Sonett der Vita Nuova und ihr Verhältnis zur Divina Commedia.

München, Di. 16. 2. 54

Gestern abend wurde im großen physikal. Hörsaal die Urkunde der Ehrenpromotion überreicht.

Zuerst – und zuletzt – zwei Sätze aus einem Bläserquartett. Dann die Begrüßung durch J. Spörl. Darauf die Rede von Dekan M. Müller von Freiburg, beide sehr freundlich. (Die zweite hat leider die Masse im Lob ein wenig zu hoch genommen.) Folgte die Überreichung, und dann habe ich gedankt. Dabei im Persönlichen von der Gegensatzlehre gesprochen und, ohne den Namen zu nennen, von Karl Neundörfer.

Nachher war ein gemeinsames Abendessen, an welchem außer den beiden Dekanen noch Schnabel, Dempf, Klingner, Pfeiffer, Spindler und Wenzl teilnahmen. Es war alles recht harmonisch.

Ich habe die Verleihung als eine Gutheißung meiner geistigen Arbeit durch die Universität empfunden – wie die Verleihung des Praelatentitels als eine durch die Kirche und, wenn auch nicht so schlüssig, den Preis des Buchhandels als eine solche durch die literarische Öffentlichkeit. Es ist schön, das erfahren zu dürfen.

München, Mo. 22. 2. 54

Kunisch schreibt, die Berliner philos. Fakultät habe beschlossen, mir den Ehrendoktor zu geben! Die Ehren kommen, und das Leben geht.

Aber es ist doch beruhigend, daß die Universität einen anerkennt. Sie ist ja im Grunde meine unglückliche Liebe. Das heißt, so stimmt es nicht ganz. Es ist komplizierter. Ich liebe die Universität. Jedesmal, wenn ich in ihre Nähe komme, freue ich mich. Die Kollegien sind gut, z. T. sehr gut besucht, und die Studenten vertrauen mir. Und dennoch bekomme ich immer wieder das Gefühl, ich habe eigentlich nicht das Recht, in der Universität zu sein. Der Maßstab, der in ihr gilt und nach dem man zu ihr gehört oder nicht, ganz oder nur halb, ist die Wissenschaft. Ich bin aber kein Wissenschaftler. Ich muß den Mangel des „Faches" immerfort durch mehr „Geist" ausgleichen. Die Situation ist irgendwie illegitim. Die Selbstverständlichkeit des Dazugehörens fehlt. In Berlin kam die Ablehnung der offiziellen Universität hinzu. Das wurde in Tübingen besser. Die Studenten anerkannten mich und die Kollegen irgendwie auch. Hier wurde es noch besser. Ich bin so etwas wie ein Glanzstück – und dennoch! Es ist dafür gesorgt, daß man sich nichts einbildet.

München, Di. 23. 2. 54

Im Georgianum vorgetragen über die Phasen der liturgischen Bewegung und besonders die heutige Krise. Man sollte darüber genauer schreiben und sprechen. Sie hängt mit unserer kulturellen Situation – aber auch und besonders mit der Mentalität der theologischen Jugend zusammen.

München, 28. 2. 54

Letzter Sonntag des Semesters in St. Ludwig. Den Zyklus über die Kirche abgeschlossen.

Der Besuch war immer gleich gut, trotz der langen Unterbrechung durch meine Krankheit. Eine wunderbare Zuhörerschaft. Die Ansprachen in St. L. sind mir fast so wichtig wie meine Vorlesungen. Die Wahrheit hat eine so klare und stille Macht. So meine ich es mit meiner seelsorglichen Arbeit: helfen durch die Wahrheit.

Jetzt beginnen die Ferien – wieder einmal. Die Zeitabschnitte gleiten fort, „wie ein Hauch", sagt der Psalm. Man tut, als gewöhne man sich an das Ende; aber es ist ja doch nicht wahr. Die Vergänglichkeit ist furchtbar. Wenn nur „das Andere" realer würde.

Ich werde in den Ferien nicht viel tun. Den Vortrag für die Studententagung im Mai – vielleicht den für die Jugendwoche . . . Das Offenbarungskolleg etwas umdenken. Daraufhin, daß der Offenbarungsvorgang als eine allmähliche Öffnung von oben-innen her zu verstehen ist . . . Dann einige Überlegungen (liturg. Situation, Loyalität . . .). Und Briefe. Ich schreibe so ungern Briefe. Da steht das Persönliche auf dem Papier und sieht sonderbar aus.

München, So. 7. 3. 54

Nun das Semester vorbei ist, gehe ich sonntags wieder nach Großhesselohe predigen.

Der Gottesdienst dort ist so schön und echt und wohltuend, daß einem richtig fromm zumut wird. Die Gemeinde hört sehr aufmerksam zu, und man geht froh nach Hause.

Auf der Heimfahrt haben wir wieder darüber gesprochen, ob man nicht gut ausgereifte geistliche Ansprachen in Einzelheften herausgeben soll. Sie könnten von dem kleinen Riegerschen Kreis handgesetzt werden. Dann in Platten gegossen und nach Bedarf gedruckt.

Ich würde zuerst die Ansprachen herausgeben, die bereits in den Frankfurter Heften erschienen sind; dann spätere.

Vielleicht wird etwas aus dem Plan.

München, Di. 9. 3. 54

Ich habe einen Brief bekommen, der mich sehr nahe berührt hat, nämlich von Fr. W. Foerster. Darin sagt er sehr Freundliches über meine Arbeit und stimmt insbesondere meiner Schrift ,,Verantwortung" zu.

Foerster ist derjenige, von dem ich am meisten paedagogisch gelernt habe. Eigentlich, wenn ich Strehler hinzunehme, dessen Konvikt in Neisse mich für immer beeindruckt hat, der Einzige. Von ihm habe ich gelernt, den Weg zu sehen – und zu gehen –, der beständig zwischen Idee und konkreter Wirklichkeit gegangen werden muß.

München, Do. 11. 3. 54

Ein merkwürdiges Erlebnis: Ich arbeite in diesen Tagen an einer Schrift über die gegenwärtige liturgische Situation im Zusammenhang mit den verschiedenen Phasen der ganzen, nun schon über hundert Jahre weitergehenden Bewegung. Die heutige Lage schien mir dadurch bestimmt, daß die liturgischen Vorgänge und Akte nicht erlebt werden. Wir haben ein sehr kunstvolles Ganzes von Geschehnissen, Texten, Symbolen; es fehlt aber die Fähigkeit, sie zu erfahren. Daher die Notwendigkeit einer Erziehung im Grundbereich.

Nun las ich in den ,,Holzwegen", was Heidegger über Nietzsches Begriff von Nihilismus sagt, und plötzlich wurde mir klar, in wie engem Zusammenhang das zu dem steht, was ich 1928 über den ,,Glauben in der Reflexion" geschrieben habe. Wiesehr das, was da gemeint ist, mein eigenstes Problem darstellt. Das war so stark, daß ich vom Lesen weg den letzten Abschnitt der Arbeit diktierte.

Hier liegt wirklich eine der Grundfragen von allem. Und der Grundentscheidungen: ob die hier gemeinte Struktur durch Willen oder Gehenlassen in den wirklichen Nihilismus geht oder ob sie aufgenommen und zur Grundlage einer sehr kargen, aber sehr anständigen und ganz positiven Haltung gemacht wird.

München, So. 21. 3. 54

Große Lücken im Tagebuch. Geschehenes aufschreiben zu sollen, verliert oft seinen ganzen Sinn.

Wie oft verliert für mich überhaupt alles seinen Sinn, wird wesenlos, leer. Nur daß es vorübergeht, kommt zu Bewußtsein.

In mir geht etwas vor, ich weiß aber nicht, was es ist. Das beunruhigende Gefühl, mich selbst reden zu hören . . . Die Sorge, daß das Gefüge der Denk- und Sprechfunktionen nicht zuverlässig sei . . . Das Vergessen von Namen, so als ob sich eine Wand zwischen mich und den Namen schöbe.

Dabei läßt aber die Produktion nicht nach. Manchmal blitzt ein Gedanke auf, ich rufe Frl. Chrz. und diktiere 1–2 Stunden lang, und das Kapitel oder der Vortrag steht im ersten Entwurf brauchbar dar. Darum herum aber schmilzt das Leben weg.

München, Di. 23. 3. 54

Schöner Frühlingstag. Ich war im Englischen Garten, zuerst zum Stauwerk, dann am rechten Isarufer hinunter. Hat gut getan.

Am Morgen einen Entwurf für ein Kolleg im Wintersemester diktiert: Macht und Nihilismus mit einer Stellungnahme zu Nietzsche.

Ich werde den Sommer hindurch viel lesen müssen, damit ich in den Ferien nur das Wichtigste zu lesen habe, bes. Fröhliche Wiss., Götzendämmerung, Wille zur Macht. Hoffentlich glückt es. Daraus würde das dritte Bändchen nach „Ende der Neuzeit“ und „die Macht“.

Gestern abend habe ich den Film gesehen „Drôle de drame“. Glänzende Schauspieler, aber idiotisches Ganzes. Soll eine Groteske sein, ist aber nur blöd. („Arsenie and old lace“ ist eine und „My friend Harvey“, aber nicht das.) Und warum ein Bischof als heimtückischer, verfressener, lüsterner Heuchler mit im Mittelpunkt stehen muß, zuletzt im schottischen Kilt, weiß ich auch nicht.

Immer schlimmer wird das Publikum. Das Lachen!

München, Fr. 26. 3. 54

Mit der Zeit versteht man auch aus einer Erfahrung, wie wichtig Träume sind. In ihnen redet jenes Innere, das besser weiß, wie es um den Gang des eigenen Lebens steht, als der Verstand.

Gestern bin ich aus einem Traum gekommen, der mir von dem Versäumnis und der Leere meines Lebens gesprochen hat, und wie hatte er Recht. Heute habe ich sonderbar geträumt, ich war entschlossen, eine Aufgabe zu übernehmen, obwohl ich bereits viel zu tun hatte und alles verworren war. Aber ich vertraute darauf, aus der Verworrenheit werde ich in die Wahrheit durchdringen. Und so bedrückt ich gestern war, so froh war ich heute.

In der Zeitung stand vom Vordringen asiatischer, besonders buddhistischer Gedanken und Meditationsmethoden in Europa. Da wurde mir klar, wie nichts „Neues“, Atomtechnik, Psychoanalyse, fremde Religionen, meditative Techniken, etwas am Grundbestand und Grundstand des Daseins ändert. Alles ist „Welt“, und jede Änderung eine Änderung innerhalb ihrer. Das Allein-Neue ist die Gesinnung des Heiligen Geistes im Unterschied zur Welt – genauer: ihr Urteil über sie, ihr Herantreten an sie und der Schritt des Menschen zu ihr hinüber.

Mooshausen, Mo. 12. 4. 54

Seit langem wieder in Mooshausen, freilich nur für zwei Tage. Mir kam wieder die Zeit von Herbst 1943 bis 45 vor Augen, die ich hier verbracht habe. Aber wie vergangen ist alles. Zwei so edle Fähigkeiten scheinen mir so kostbar, und sie verschwinden mir immer mehr: das Gedächtnis und das Gehör.

Am Nachmittag sind wir nach Tannheim gegangen, und ich habe Josef von der Frage erzählt, die mich verfolgt und mit der ich nicht fertig werde, so, daß ich manchmal fürchte, sie könne mir den Glauben zerfallen machen: wie es möglich sein solle, daß der absolute Gott Endliches bewirken – vor allem aber, mit Endlichem in Ihn bindende Beziehung treten könne. Ein Bekannter brachte uns mit dem Wagen heim. Da kam plötzlich eine Antwort: durch die Undenkbarkeit des Verkündeten werde auf etwas schlechthin Unbegreifliches in Gott, in seinem Wesen, seiner Gesinnung und seinem Werk hingedeutet – und das sei das Eigentlich-Geoffenbarte und der Sinn von allem.

Der Gedanke hat mir Ruhe gegeben. Er hält die Eindeutigkeit der Offenbarung fest und öffnet doch dem Blick das Inkommensurable.

Isola Vicentina, 29. 4. 54

Morgen fahre ich wieder nach München zurück.

Ich war zwei Wochen in Italien, immer in Isola. Während dieser Zeit habe ich nichts in dieses Buch geschrieben; ich hatte keine Lust.

Das Wetter war bis auf 2–3 Tage sehr schlecht. Meist kalt, oft regnerisch. So blieb nichts übrig, als nach Möglichkeit zu schlafen – welche Möglichkeit bei mir nicht groß ist – und im übrigen zu arbeiten.

Ich habe den Vortrag für den Studententag noch einmal vorgenommen – die sechste Redaktion –, habe ihn durchgeformt und in einem wichtigen Punkt erweitert. Ferner den Vortrag zum Augustinusjubiläum im Sommersemester sowie den für Freiburg entworfen. Endlich und vor allem das Sommerkolleg über den Inhalt der Offenbarung des Neuen Testaments vorbereitet. Ich glaube, hier ist Gutes herausgekommen.

Was das vorhergehende Blatt berichtet, hat stark nachgewirkt, innerlich wie gedanklich. Vieles ist mir klarer geworden, und ich war manchmal in stiller Weise froh.

Im Übrigen waren die Dinge oft sehr schwierig. Ich weiß nicht, wie es damit gehen soll.

München, Di. 4. 5. 54

Am Freitag bin ich nach guter Fahrt wieder hier angekommen.

Am Samstag habe ich allerlei erledigt; am Sonntag in Hesselohe beim Hochamt gesprochen. Nachmittags den Vortrag bei den Studenten noch einmal durchgeprüft.

Gestern habe ich ihn gehalten, im Kongreßsaal des deutschen Museums. Etwa 2500 Zuhörer, fast alles Studenten. Sie haben mich sehr freundlich begrüßt und die anderthalb Stunden lang sehr aufmerksam zugehört. Ich hatte das Gefühl, es sei geistig etwas gewesen.

Und nun ist auch das vorbei.

München, So. 16. 5. 54

Die Aufzeichnungen in diesem Buch werden spärlich. Es ist damit so weit, daß ich sie mir zur Pflicht machen muß, wenn sie weitergehen sollen.

Die Vorlesungen haben angefangen. Ich habe den Kurs über Ethik wieder angefangen. Der erste war, einstündig, durch sieben Semester gegangen. Dann, mitten im Versuch, die eigentlich christliche „Ethik" darzustellen, habe ich aufgehört. Es wurde mir zu schwer, in verschiedenem Sinne. Jetzt nehme ich einen zweiten Anlauf. Zweistündig. Will sehen, wieweit ich komme. Vielleicht glückt es jetzt.

Hans Waltmann und ich planen, eine halb „als Manuskript gedruckte" Arbeitsausgabe zu machen, jeweils wie die Stücke fertig werden. Dann ist das Unternehmen wenigstens in einer ersten Form da.

Außerdem lese ich den zweiten Teil der „Offenbarung", die nachher auch gedruckt werden soll. Zweite Auflage, aber fast ganz – nein, zu einem großen Teil neu geschrieben. Im letzten Stück ein Versuch, den Inhalt der christlichen Botschaft darzustellen, unmittelbar von ihr selbst her, ohne Konvention.

16. 5. 54

Die Einsicht vom Weg Tannheim–Mooshausen hält vor. Gerade das schlechterdings Unwahrscheinliche ist das Eigentliche. Glaube bedeutet, sich dorthinein zu beziehen, und vielleicht kommt von dorther der Friede. Er würde ein „Friede der Vernunft" sein – über ihr; der Weise nach, wie ich es fühle, müßte ich besser sagen: „von jenseits ihrer" – nicht wider sie.

Manchmal habe ich das Gefühl, daß in mir etwas sich ändert. Ganz leise, fast nicht festzustellen, wie die eigentlichen Dinge bei mir überhaupt gehen; aber – wenn ich mich nicht täusche und es nicht verderbe – wirklich.

Im nächsten Monat hoffe ich umziehen zu können. Es wäre schön, ein wenig Heim zu finden. Es richtig zu finden, darauf rechne ich nicht; ebenso wenig wie auf manches Andere. Aber doch ein wenig.

Ein sehr schönes Buch, wahr und einfach, lese ich gerade: „Les grandes amitiés" von Raïssa Maritain. Ich erinnere mich, wie ich I. Maritain kennengelernt habe, in Salzburg, als ich bei den ersten Hochschulwochen über Dostojewski sprach. Ich habe selten wieder eine solche Gegenwart empfunden. In dem Buch kommt sie mir immer wieder.

München, Do. 20. 5. 54

Neue, wunderbare Erfahrung: der Gedanke des ewigen Lebens ist mir nahegekommen. Wenn Gott mir die Gnade schenkt, dann komme ich zu ihm. Dann hört die alles durchdringende Unzulänglichkeit auf; all das Zerstörte und Sinnlose. Er macht mich lebendig und sinnvoll.

Dann aber der Gedanke: was tue ich aber damit?

Was tue ich Endlicher in einem Dasein, das ewig ist? Ich habe das so sehr empfunden, daß ich das Gefühl hatte, das sei etwas, was mich nichts angehe.

Darauf antwortete ein anderer Gedanke: in diesem Ewigen bin ich nicht als der bloße Ich-selbst. Das Ewige ist Gott. Als in Ihm bin ich darin. Er gibt mir Anteil an seinem Leben und Ewig-sein. Denn Er – und damit schloß sich der Gedanke an das, was ich von der Fahrt nach Mooshausen gesagt habe – ist jener, der das Unsere in sein Dasein hineingenommen hat. So ist das Echo dieses Geheimnisses, daß Er uns gibt, das Seine in unser Dasein aufzunehmen. Dieses „In" ist der Himmel.

„Admirabile commercium" – zum ersten Mal ahne ich etwas von dem, was die Ewigkeit des Heils ist. Und zwar als etwas Reales, das mich angeht. *Mich wirklich;* so daß ich mich darauf freuen und mich davor fürchten kann . . . Durch den ganzen Tag kehrt das Gefühl davon wieder.

München, 13. 8. 54

Fast drei Monate Pause.

Inzwischen ist das Sommersemester vorbeigegangen wie im Nu.

Die Hörerzahl im Ethikkolleg hat sich verringert. Es sind eben jetzt zwei Wochenstunden statt einer, und außerdem haben viele schon die erste Lesung gehört. Dafür hat sich die Zahl im Offenbarungskolleg vermehrt. Es scheint, daß mehr Studenten, als man denkt, wissen möchten, was das Christentum eigentlich will.

Die Ansprachen in St. Ludwig haben ihre Besucherzahl behalten, eher erhöht. Was aber noch schöner ist: das Zuhören ist noch aufmerksamer und während des Kanons ist eine richtige Stille.

Manche Unruhe hat die neue Wohnung gebracht. Sorgen, ob die Kosten nicht zu hoch seien. Dann war das Haus feucht u. s. f.

Jetzt bin ich eingezogen. Einige Enttäuschungen hat es schon gegeben; vor allem, daß der Verkehr doch viel stärker ist, als ich gefürchtet hatte. Besonders die Motorräder.

Bei mir kommt wieder so sehr das Verlangen nach Stille . . . Sie ist nötig, wie Luft und Brot, und alles wirkt zusammen, sie zu zerstören.

Hofgastein 17. 9. 54

Ende des Aufenthaltes in Gastein.

Ich habe während dieser Zeit gar nichts getan – wie diese Blätter zeigen, nicht einmal etwas aufgeschrieben. Die Zeit hier war im Ganzen recht mäßiges Wetter. Ich habe für die Kur alle Zeit aufgewendet, die irgend nötig war, ohne denken zu müssen, ich versäumte etwas.

Maurois: A la recherche de Marcel Proust – eindringend, aber ziemlich ermüdend.

Schön: van de Meer, Dieu et les hommes. Manchmal ein bißchen gesteigert, aber nicht das Buch, sondern der Mensch, scheint mir.

Ob die Kur gut getan hat, weiß ich nicht recht. Fast meine ich, nein. Außerdem weiß ich jetzt, daß die Aorta „etwas beschädigt" ist.

Morgen fahren wir zurück – wir, d. h. Hans Waltmann, der hier mit mir ist, und ich.

München, 23. 9. 54

Heute morgen habe ich wieder jene Weise des Denkens erfahren, in welcher ein Gedanke wie zum ersten Mal seinen Sinn erschließt und in einer so eigentümlichen Art eindrücklich wird, daß er wie ein Ruf oder ein Geschenk erscheint.

Und zwar war es zunächst die Wahrheit, die mir wie ein Schlüssel zum Gottesbegriff erscheint, daß Gott allein wesentlich und eigentlich „ist"; „Sein" seinen Namen bildet; während wir nur „vor" Ihm sind. Dann aber bewegte der Gedanke sich dahin, wie es wäre, wenn „es" überhaupt nur Gott „gäbe"; Er durch sich, in sich, mit sich. Und das wäre hinreichend, ganz, voll, und nichts würde fehlen. Und dann das Geheimnis, daß Er in Freiheit gewollt hat, daß ich sei; das aber zu verstehen, wäre Verständnis der Welt in ihrem Grund und Gottes in seiner Gesinnung. Und Er hat bestimmt, daß in der Tiefe dieses Geheimnisses ich an seinem Leben Anteil haben dürfe, und das ist Herrlichkeit und Himmel.

München, 23. 9. 54

Hier habe ich allerlei aufgearbeitet. Die Korrespondenz hat sich wieder angehäuft – zu dem bereits daliegenden Haufen hinzu. Ich bin überall in Schulden, aber ich komme einfach nicht durch. Eines Tages wird man aber nicht fragen, wieviel Briefe ich nicht beantwortet habe – zumal meine Briefe fast immer sehr trocken sind –, sondern was an Büchern da ist und wird; so hoffe ich, nicht allzu viel zu tadeln haben. Allerdings nur, wenn die 3–4 großen Sachen fertig werden, die im Entstehen sind . . .

Isola, 25. 9. 54

Seit gestern abend wieder in Isola. Wieder durch das Tor in den Garten hineingefahren, auf das weiße Haus zu, mit dem altvertrauten Gefühl, das immer Gesuchte werde da sein, das Duftende, das Nahe, das Glück – vielleicht das, was das Kind im Garten der Großeltern in Colognola empfunden hatte? Dann das erste Herumgehen, das Öffnen der Türen, das Stehen in den Zimmern, und die Enttäuschung: Es ist nicht da.

Gestern die so oft gemachte Reise über den Brenner, vergällt durch die Touristenmasse. Sie wird immer furchtbarer und zerstört alles.

Heute in San Lorenzo wurde mir ganz deutlich, daß ich in der Gestalt der jetzt werdenden Welt nicht leben kann. Ich verstehe sie theoretisch; ich sehe, daß ihre Zeit da ist und daß sie ungeheuer sein wird; ich suche aus meinem Beruf heraus für die Jugend Brücken zu schlagen, damit das Neue irgendwie richtig gemacht und Altes hinübergetragen werden könne; aber ich selbst gehöre nicht hinein. Von einer alten Hausecke weht es mich vertraut an, und die größten neuen Dinge lassen mich kalt!

Aber es ist ein beständiger Schmerz – die Worte sind nicht übertrieben –, zu sehen, wie ein ungeheurer Apparat alles das zerstört, was ich liebe, von außen und von innen her, in den Dingen und im Fühlen der Menschen. Und diese wissen gar nicht, was sie zerstören. Sie finden sich und ihre Art selbstverständlich – ihre Massenhaftigkeit, ihren Lärm, die schreckliche Auskältung ihres Gefühls, die mörderische Veröffentlichung der Seele.

Isola, Mo. 27. 9. 54

Ich habe gerade angefangen, die „Vie de Mélanie" von Léon Bloy zu lesen. Welch ein Buch der Neunundsechzigjährigen – und welches Dasein.

Es ist sonderbar: Vor einiger Zeit besuchte mich ein junger Ordensmann, der über meine Gedanken promovieren will. Ich suchte ihm das Nötige zu sagen – alles in der Meinung, er sei ein Jesuitenkleriker. Und dann sagte er: Ich bin Monfortianer . . .

Dieser Tage las ich in dem Buch von Grignion de Monfort, das G. Kr. mir geschickt hatte zusammen mit einem Brief, den sie so scharf ablehnte, wie es ihrer Natur möglich ist. Ich ging mit heftigen Vorempfindungen heran und konnte im Wesentlichen nicht ablehnen, sondern hatte die Empfindung: alles das, anders natürlich, nach Farbe und Ton und Begründung, denkst du ja auch, in der verborgenen Kammer deiner Theologie!

Und nun das Buch von Mélanie . . . Wie seltsam. Ich denke an den ersten Besuch in Altötting; an das Versprechen, das durch die Niederschrift des Versuches vor zehn Jahren ja nur zum Teil eingelöst ist . . . Ich will ihn wieder aufnehmen; vielleicht gelingt er jetzt. Daß sowohl Joseph wie Kahlefeld und Karl Rahner ihn gebilligt haben, ist eine Hilfe.

Isola, Di. 28. 9. 54

Ich habe angefangen, die „Vie de Mélanie" zu lesen. Was für ein Buch – und was für eine Existenz. Mit einer Schlichtheit und einer so abgründigen Verleugnung seiner selbst geschrieben, daß man immer wieder sich besinnen muß, um zu dem durchzudringen, was eigentlich gesagt ist.

Die Einleitung von Léon Bloy ist oft unerträglich. Sein „style hyperbolique", wie Raïssa Maritain sagt, übersteigt manchmal alles Maß. Das ist nicht nur unangenehm und falsch, sondern sehr schade. Er verdeckt dadurch selbst, was zu sagen wäre.

Die Luft, die hier weht, ist seltsam. Nicht nur mystisch, sondern apokalyptisch. Sie erfaßt einen, aber die Forderungen an Gefühl und Willen sind so ungeheuerlich, daß sie sofort nachher wesenlos werden. Und es ist nicht nur übertrieben, es ist einfach falsch, nach Sinn und Wirklichkeit immer im Superlativ zu reden. Die Welt ist nicht so; auch vor Gott nicht, denke ich.

Von dem Buch her geht der Gedanke immer wieder zum Dogma von der Aufnahme Marias . . . Das Dogma wird sehr tiefe Wirkung tun. Nicht so sehr von seinem ersten Inhalt her; der war ja immer geglaubt – es sei denn, daß er scheidend wirkt und jene, die nicht ganz der Kirche vertrauen können, sich abwenden. Aber durch seine indirekte Bedeutung.

Einmal macht es ganz klar, daß Träger und Norm des Glaubensinhalts nicht die Schrift ist, sondern die Kirche. Und die Schrift in der Hand der Kirche. Ich habe nie anders gedacht. Die Kirche ist Prophet. Sie lehrt und verbürgt. Ihr muß man vertrauen. Alles andere ist halb und macht die Position unecht.

Und das andere: der elementare Appell an die Macht der heiligen Weiblichkeit. Die Welt geht am Maskulinen zugrunde, buchstäblich. Hier antwortet die Kirche der tiefsten Not des Menschen heute. Die Glaubensbotschaft ist zugleich geschichtliche Botschaft.

Isola, Mi. 29. 9. 54

Ich lese weiter in der „Vie de Mélanie" und bin voll Bewunderung. Eine solche Ursprünglichkeit und einfachhin geniale Einfalt gläubigen Lebens habe ich noch nirgends getroffen.

Die Einleitung von Léon Bloy ist nicht gut. Aber ich sage richtiger: großartig ist daran, wie er Mélanie erkennt, religiös identifiziert. Aber er stellt sie ganz ins Absolute. Er überspringt das Menschliche und sieht alles vom Übermenschlichen her. Und das Menschliche ist so wunderbar und macht alles so glaubwürdig. Wenn M. von ihrer Mutter schlecht behandelt und aus Haus und Familie hinausgeworfen wird, ist das für ihn einfach das Leiden der mit Christus verbundenen Existenz. Aber warum nicht sagen, daß ein Verhalten wie das dieses Kindes, das sich vor allem Weltlichen fürchtet, das ganz im Göttlichen lebt und zugleich eine kleine Persönlichkeit von unbrechbarer Kraft war, unerträglich sein mußte? Daß sie wirklich eine „louve", eine „muette", eine „stumme Wilde" war?

Isola, Do. 30. 9. 54

Die „Vie de Mélanie" ist ein großes Buch! Die da schreibt, ist nun siebzig Jahre alt. Sie spricht die Sprache der konventionellen religiösen Literatur. Dazu hat sie schon lang in Italien gelebt, muß aber, auf den Wunsch ihres geistlichen Führers auf Französisch schreiben, so daß man manchmal Worte auf das zugrunde liegende Italienisch zurückbringen muß, um sie zu verstehen. Und dennoch, was für ein Buch! Und manchmal bricht auch die Sprache selbst aus der Konvention und wird wunderbar kühn.

Immer wieder das Leiden. Leiden ist die innere Lebensform schon des Kindes, das in einer nicht zu realisierenden Verlassenheit die Stigmen empfängt. Man denkt, ob hier nicht etwas Krankhaftes ist, und die Psychologie hätte einen ganzen Apparat bereit, sie zu registrieren. Aber sie würde das Eigentliche nicht fassen.

Ich denke an Gedanken, die ich bei Léon Bloy gelesen habe, die I. W. auch angedeutet hat, – daß das Leiden nicht aus der Sünde kommt und hätte vermieden werden können. Das heißt, ein Leiden sicher, das quälende, zerstörende, böse. Es gibt aber auch ein anderes. Vielleicht ist die Endlichkeit selbst etwas, das im Leiden realisiert wird; negativ, wenn sie sich selbst behauptet; positiv, wenn sie durch das Opfer in Gott hineingetragen wird.

Und ich denke weiter, daß es eine geheimnisvolle Realität in Gott selbst gibt, die dem entspricht – richtiger gesagt, der dieses Leiden der Endlichkeit entspricht. Vielleicht ist die Urtatsache, daß Gott das Endliche überhaupt will und schafft und trägt . . . Endet das nicht in der Menschwerdung?

Aber davon soll man wohl nicht viel reden – und wie komme ich dazu, es überhaupt zu tun?

Gestern waren Eugen, Maria und Veronika Jochum hier. Ich habe ihnen Haus und Garten gezeigt, und unter ihrem Blick ist mir alles neu und schön erschienen.

Dann haben wir in Breganze zu Mittag gegessen; sind darauf nach Bassano gefahren und schließlich nach Asolo – und auch das ist mir wieder aufs Neue schön erschienen. Die Bewegung der Baukörper in den alten Straßen ist köstlich, und der Blick von der Burg in die venetische Ebene ist wie ein Traum.

Isola, Sa. 2. 10. 54

Ich habe den Entwurf eines Marienbuches, der aus dem Jahr 1943 stammt, wieder aufgenommen. Die Billigung durch Karl Rahner hat mich sehr ermutigt, und seine Anmerkungen haben mir viel genützt.

Morgen noch ein letztes Stück, dann ist die 5. Redaktion fertig. Dann wird noch eine letzte nötig sein, und ich hoffe, die Schrift kann in Druck gehen.

Isola, Mi. 6. 10. 54

Ich habe mit dem Entwurf für das Winterkolleg über die Offenbarung angefangen; den letzten Teil, der von ihrem Inhalt handeln soll.

Die Darstellung soll das Übliche verlassen; das Besondere, in die Entscheidung von Ärgernis und Glauben Führende herausholen, den lebendigen Gott und seine Gesinnung, und die Existenz in welche die Annahme den Menschen führt.

Hoffentlich gelingt es.

Isola, Fr. 8. 10. 54

Es ist spät; ich sitze in dem kleinen Zimmer rechts von der vorderen Tür, und das Feuer brummt im Kamin. In dem Zimmer sind seit fast dreißig Jahren – mit Ausnahme der zwischen 40 und 47(6) – alle meine Vorlesungen und in ihnen meine Bücher entstanden. Rings herum steht Vergangenheit . . . Wenn ich ein besseres Gedächtnis hätte, wäre es zum Fürchten . . .

Ich habe mich nie getraut, zu sagen, mit mir selbst zu sagen: Isola gehört uns. Und nun fühle ich, daß alles zu Ende geht. Mutter ist 92 Jahre alt; für M. ist der Besitz mit allem, was daran hängt, eine Last. Die Familie in Mailand verliert die Beziehung dazu, mit Ausnahme von R. Wer weiß, was über's Jahr ist – von den politischen Sorgen nicht zu reden. Was für eine Trauer liegt über allem . . .

Isola, Sa. 9. 10. 54

Es ist wieder wie gestern: alles still, das Feuer im Kamin brummt; ich schreibe in dieses Buch. Wir haben eine kleine Katze, ein anmutiges Tier; wach und immerfort in die Stille lauschend . . . Nun ist sie auf den Stuhl hinter mir gesprungen, dann auf den Tisch und untersucht die komischen

Dinge, die darauf liegen, Papier und Bücher und Blumen. Der Bleistift mit seiner Schreibbewegung interessiert sie, und sie langt mit dem weißen Pfötchen nach ihm . . . Dann kommt sie ganz nahe und will gestreichelt sein – nah und doch mit ihrem Leben eine unerreichbar ferne Welt . . .

Isola, So. 10. 10. 54

Wieder Abend; wieder brummt das Feuer; wieder ein Tag vorbei, zwei Wochen hier vorbei; drei Viertel der Ferien vorbei. Bald beginnt das Semester, in dem ich siebzig Jahre alt werde, und die Frage, ob ich mich emeritieren lassen soll, rückt nahe. Die Antwort scheint von mir abzuhängen, weil die Politik mir sechs Jahre genommen hat – und was soll ich tun?

Heute habe ich viel Leopardi gelesen. Dabei ist mir auf einmal der Unterschied zwischen ihm und Hölderlin klar geworden.

Isola, 28. 10. 54

Morgen fahre ich über Mailand wieder nach München zurück.

Die Zeit hier war sehr still. Eine Weile hat man überall den Traktor gehört, der die Felder pflügte. Wie lang ist's her, daß statt seiner der Ruf zu hören war, mit dem die Bauern die Ochsen antrieben? Als wie gestern, und klang wahrlich besser. Die Bauern aber sind froh, daß sie die Plage los sind. Ja, dann wurde es schön still.

Während der Zeit hier war ich nirgendwo sonst. Mario hat 10 Tage in Montecatini verbracht; da hätte ich keinen Wagen zur Verfügung gehabt, und zur Bahn hatte ich keine Lust. Also habe ich meine Dinge getrieben und viel geruht.

Mit dem Kollegentwurf bin ich nicht ganz fertig geworden. Hans W. wollte den Marienbrief gern zu Weihnachten herausbringen, so mußte ich mich an die Arbeit halten. Es hat noch viel zu tun gegeben, zumal ich alles von Hand schreiben mußte, aber jetzt ist's soweit.

Ich denke an den Spätnachmittag in Altötting. Vielleicht ist das Wort nun eingelöst . . .

München, 7. 11. 54

Die Tage haben noch allerlei Nacharbeit an dem Marienbrief gebracht. Nun ist er gesetzt, und ich glaube, im Großen und Ganzen ist er gut.

Sehr berührt bin ich durch das Buch von Th. Merton: The sign of Jonas. Früher hatte ich die Wirkung des amerikanischen Geistes im Religiösen einfach als negativ empfunden. Das war falsch. Er kann auch machen, daß die Dinge eine eigentümliche Unmittelbarkeit bekommen, einfach und frisch werden.

Heute war der erste Gottesdienst in St. Ludwig. Die Kirche hat durch die Glaswand unter der Orgel sehr gewonnen. Der Lärm der Straße ist wirklich ausgesperrt, und der ganze Raum ist viel geschlossener.

Ich habe zu sagen versucht, was der paulinische Begriff des Heiligen, als des von der Botschaft berührten Menschen auch für den Studenten bedeuten kann.

Eine wunderschöne Gemeinde ist da. Kopf an Kopf, und ganz überwiegend Männer, darunter viele Studenten.

München, Do. 11. 11. 54

Ich habe zum ersten Mal gefühlt, wie es sein muß, wenn man weiß, Gott blickt einen an. Wenn man sich gemeint weiß, im Grund des Seins. Im Guten; Ganz-Guten. Geborgen, beheimatet. Weiß, wo man hingehört. Und nicht psychologisch, sondern, wenn man so sagen darf, ontologisch; im Sein eben.

München, So. 14. 11. 54

Gestern nachmittag war ich bei Worringers. Das letzte Mal war ich 1922 oder 1921 bei ihnen, und damals wie dieses Mal war Martin Buber dabei – diesmal auch seine Frau.

Es war schön. Von so weither liefen die Linien der Lebenswege in dem ruhigen Zimmer mit der freien Aussicht zusammen. Und daß ich schon nach wenig über einer Stunde wegmußte, weil der Vortrag in St. Ludwig vorzubereiten war, machte das Zusammensein ganz voll.

Auf meinem Schreibtisch steht eine Vase aus Murano. Ich habe sie nach einigem Zögern erworben und nun führe ich mit ihr einen beständigen leisen Kampf. Als ich sie heimbrachte, meinte ich, sie sei hellblau. Das heißt, das habe ich beim ersten und zweiten Betrachten gemeint. Dann habe ich gesehen, sie habe ein wenig Rot in sich, und das bedeutete eine Schwierigkeit, denn ich mag Lila eigentlich nicht. Die Farbe ist aber so voll Leben, daß die Vase, besonders wenn die Sonne hineinfällt, wie ein Edelstein ist, oder wie eine Herbstzeitlose, oder wie Atmosphäre voll Wolken und Lichtpünktchen – das sind nämlich unzählige kleine Luftbläschen, die der

Glasbläser hineingebannt hat. Es ist also zweifellos, daß sie schön ist. Etwas in mir weiß das. Etwas anderes will aber nicht. Und so muß ich die beiden Uneinigen zusammenbekommen, damit ich sie in Ruhe schön finden kann. Das ist nicht leicht, und ich weiß nicht, wie die Sache ausgehen wird.

Das Sprechen in St. Ludwig heute hat mich sehr angestrengt. Das tut es zwar immer, aber seit einiger Zeit will es mit dem Herzen gar nicht recht, und da wird alles schwieriger.

München, Mi. 17. 11. 54

Wir waren im Film „Dieu a besoin des hommes", in dem kleinen Reprisenkino – d. h. meistens sind es Reprisen, was es zeigt – in der Occamstraße.

Der Film ist mir nahegegangen wie selten einer. Etwas Echtes, Reines und Großes, dazu makellos gemacht.

Man ist darin zuversichtlich geworden. Die Zeit, die solches schafft, ist nicht verloren. Ich habe mich wieder gemahnt gefühlt, nicht zu viel zu kritisieren, sondern Zutrauen zu haben und Respekt.

In diesen Tagen habe ich von W. Worringer seine Broschüre bekommen: „Problematik der Gegenwartskunst". Vor langer Zeit hat er mich mit seiner Schrift „Formprobleme der Gotik" sehen gelehrt, was die nicht-klassische Kunst des Mittelalters gewollt hat – er, und nebenbei bemerkt, Richard Benz. Jetzt hat er mir wieder einen Zugang geöffnet. Vielleicht; ich weiß es noch nicht. Etwas warnt. Vielleicht ist die Analogie doch irgendwie irreführend. Ich muß seinen Gedanken ausprobieren.

München, Do. 18. 11. 54

Vor acht Tagen war die erste Vorlesung über den Schlußteil des Kollegs „Offenbarung" – d. h. über den Inhalt der biblischen Verkündung.

Da habe ich versucht, dem, was folgen würde, den Weg zu bahnen. Ich will darin das Neue, ebenso Erlösende wie Richtende der Botschaft zeigen, ohne jede abschwächende oder ausgleichende Bemühung. So habe ich klar zu machen versucht, was das Neue Testament unter dem Ärgernis versteht; aber nicht nur so, daß ich darstellte, was das Phaenomen meint, sondern mit aller Entschiedenheit sagte, daß auch das Reden und Hören jetzt, im Hörsaal, unter dem discrimen der Ärgernismöglichkeit stehe. Dabei habe ich auch endlich einmal zum Ausdruck gebracht, was mir selbst, vor dieser ja doch durchaus nicht einheitlichen Hörerschaft, das Sprechen über christliche Dinge so schwer macht!

Daraufhin hätte die Besucherzahl abnehmen können; aber heute war das Auditorium maximum so voll, daß viele standen. Es ist also wirklich so, daß sie eben das hören wollen.

München, 19. 11. 54

Das erste richtige Konzert von Veronika Jochum – d. h. die Wiederholung des gestrigen. Sie hat ein Klavierkonzert von Beethoven gespielt, und ich fand es wunderschön, wie das junge Wesen so ernst und mutig vor dem großen Saal ihre Sache tat. Über das Musikalische selbst kann ich nicht viel sagen, da ich mir hier kein Urteil zutraue. Doch schien mir ihr Spiel fest, wohlgeformt und von reicher wie sicherer Charakterisierungskraft.

Schön war auch die Zuhörerschaft: eins der Jugendkonzerte im großen Saal des Wirtschaftsministeriums; wie man mir sgte, um 2000 fast durchweg junge Menschen, zwischen sechzehn und fünfundzwanzig; in ihr Bestes gekleidet, und mit dem fröhlichen Bewußtsein, daß das, was vorging, ihre Sache war. Auch der Beifall, den sie Veronika gaben, sagte das. Und ich selbst war auch in besonderer Weise dabei, denn die Jochumskinder sind ja Adoptivnichten und -neffen, ebenso wie die älteren Sattlerkinder.

Und dann hatte ich Anlaß, mir klar zu machen, was gefordert ist, damit man, selbst an der Schwelle des Alters, den Jungen im Herzen ihren Weg frei gönnt und sich nicht nur paedagogisch, sondern wirklich mit ihnen freut, auch wenn man sie oft nicht versteht.

München, So. 21. 11. 54

In St. Ludwig habe ich am letzten Sonntag mit einem Zyklus über „die ersten Dinge“ begonnen: einer Auslegung der drei Eingangskapitel zur Genesis.

Heute habe ich versucht nahezubringen, was das heißt, Schaffen und Geschaffensein, und der religiöse Akt, in dem das realisiert wird.

Die Gemeinde im Gottesdienst um 11 Uhr wird immer größer und zugleich einiger. Während des Kanons war es ganz still. Das ist eine Probe dafür.

Wenn der Zyklus gelingt, entsteht daraus eine Art Existenztheologie. Die wäre so notwendig – daß das Gläubige nicht nur obenauf sitzt, sondern in die Wurzeln geht. Es ist doch so, daß der wirkliche Glaubende den Satz „ich bin“ anders spricht als der, der nicht glaubt.

München, Mi. 24. 11. 54

Ich habe nun den Film von Walt Disney „die Wüste lebt" gesehen. Nach den Urteilen war viel zu erwarten. Er ist auch in vieler Beziehung eine starke Sache. Aber der Gesamteindruck ist nicht schön.

Die Musik, um damit anzufangen, ist kümmerlich. Aber so ist sie bei Naturfilmen meistens. Sowie die Natur kommt, fängt das Orchester an zu jammern. Genauso war der Begleittext. Nichts verlogener als das Gerede über die „ewig-lebendige" und „allsorgende Natur".

Schlimm aber war auch das Geschehen selbst. Ein beständiges Töten und Fressen. Und, was die Sache noch schlimmer machte, fast alles Insekten, Reptilien und Schlangen. Am widerlichsten die Insekten. Ob der Mann denn gar nicht gefühlt hat, was deren Bilder, übergroß, ihre Bewegungen, ihre Formen, ihre kalte Fremdheit im Betrachter an unguten Gefühlen bis aus dem Unbewußtsein heraufrufen müssen?

Und vorher wieder eine Art Micky-Mouse Film. Auch hier kann man sich nur wundern: ob der Mann nicht weiß, was er anrichtet, wenn er den Menschen und sein Leben in die Figur und das Gehaben dieses untermenschlichen Geschöpfs, dieser Koboldskarikatur übersetzt?

München, Fr. 26. 11. 54

Wir – H. Waltmann und ich – sind im Wagen nach Tübingen gefahren, wo ich sprechen sollte. Die Hinfahrt war schlimm. Es war einige Tage kalt gewesen, dann wärmer geworden; hatte genebelt und fein gesprüht, und nun lag Glatteis über der Autobahn. Statt drei Stunden fuhren wir fünf.

In Tübingen wohnte ich im „Lamm". Am Spätnachmittag ging ich noch lang im alten Tübingen herum; dachte an die Bedrängnis der ersten zwei Semester, deren Trauma immer noch in mir ist . . ., an das Glück beim zweiten Studienaufenthalt dort, als ich meinen Weg gefunden hatte, besonders an den Abend in der gleichen alten Straße unter dem alten Kollegiengebäude hin . . . Ein halbes Jahrhundert ist seitdem vergangen . . .

Der Vortrag über den Studenten und seine Verantwortung für die Kultur fand im Festsaal statt und wurde ins Audit. Maximum wie in den Hörsaal 9 übertragen, und manche gingen noch weg . . . Welche Unterschiede zwischen 1903 und 1954 . . . Und jetzt bin ich in Kurzem 70 Jahre alt.

Am Abend waren beim Rektor nette Leute beisammen: Gottron, Otto, Letterer, E. Wasmuth.

München, So. 28. 11. 54

Die Hörerschaft in St. Ludwig wächst immer noch. Aber ich fühle mit Besorgnis, wie mein Denken, Sprechen, Finden und Bilden des Wortes nicht mehr so leicht geht. Früher hatte es eine kaum je versagende Sicherheit. Der Gedanke ging von selbst ins Wort. Jetzt ist das nicht mehr so.

Ich werde ja merken, was wird. In drei Monaten bin ich siebzig Jahre alt. Das ist die Schwelle des Alters; da ist nichts wegzureden.

München, Mi. 13. 1. 55

Wieder anderthalb Monate Lücke. Ich muß mich wohl überzeugen lassen, daß Tagebuch nichts ist für mich.

Und dabei ist manches geschehen, das wohl verdiente, aufgeschrieben zu werden. Vor allem die Angelegenheit A. . . . Und so manches Geistige; Einsichten, Werk. Aber mich interessiert das, was geschieht, mir geschieht, offenbar zutiefst nicht. Sonst fände ich die Zeit.

Ich will noch einmal ansetzen, und jetzt mehr vom Gedanken her – ohne viel Zutrauen . . .

München, Mi. 13. 1. 55

Ein Schriftsteller ist ein Mensch, in dessen Denken schon beim ersten Ansatz der Suche nach Einsicht das Werden der Form einsetzt. Bei ihm gibt es die bloße Frage nach der Wahrheit nicht; immer ist sie mit dem Wie des Sagens, dem Vorgang der Gestaltung verbunden.

Schön und schwer zugleich . . .

Daraus kommt die Überschwemmung mit Aufgaben. Jede Predigt könnte zu einem „Werk“ werden.

München, D. 14. 1. 55

Es ist heute Mode, über Platon abfällig zu reden, da er „idealistisch“ sei. Von der Arroganz einmal abgesehen, die darin liegt – stimmt aber der Vorwurf?

Unter der Wucht der Entdeckung des Geistes und im Kampf gegen den sophistischen Opportunismus verblassen der Leib und die Geschichte – muß das aber vom platonischen Ausgangspunkt notwendig so sein?

Es muß zwischen dem geschichtlich-individuellen Platon und seiner Grundphilosophie unterschieden werden. In dieser kann durchaus dem

Problem des Menschen wie dem des geschichtlichen Daseins Gerechtigkeit geschehen.

Beweis: Augustinus, der von der Einmaligkeit des Menschen (Confess. I 1–5) und vom Geschehen in der Zeit als Entscheidung der Ewigkeit weiß – und, lange nicht genug gesehen, Dante. Seine Lehre vom Menschenleibe und sein geschichtliches Bewußtsein! . . . „Rom" . . .

TEIL III

UNSYSTEMATISCHE DEFINITIONEN GOTTES 15. 12. 56

Gott ist jenes Wesen, das fähig ist, für jeden Menschen ganz da zu sein, ohne sich zu zerstreuen noch untreu zu sein. Das aber nicht als Allgemeinwesen, sondern als Person – als Er.
Diese Definition ist exklusiv, und also wahr.

ESPRIT DE FINESSE 17. 12. 56

ist die Auffassung
1. des Konkret-Individuellen als solchen
2. der Ganzheitsgestalt, des Symphonischen
3. des Wertes und der Wertfigur
4. des Ausdrucks (Miene, Gebärde) und des Symbols.

GESTALT 19. 12. 56

Was „Gestalt" heißt, geht weder in Quantitatives noch in Qualitatives auf. Gestalt ist ein nicht weiter reduzierbares Drittes – oder Erstes. Z. B. ein Dreieck . . .
Ob man das sie konstituierende Grundelement in der Proportion sehen dürfte?

HERRSCHEN UND DIENEN 20. 12. 56

Im Ebenbild zu Gott sind Herrschen und Dienen wohl Ambivalenzen, die beide zusammen erst das Ganze bilden.
Herrschen ohne Dienen wird Selbstsucht und Gewalt . . . Dienen ohne Herrschen Feigheit und Unwürde. Erst ihre Einheit, in welcher jedes zur Fülle seines Sinnes kommt, macht das Ganz-Eine.
Gottes „Dienen" . . . Seine Demut, seine Hingabe an die Sach-Würde jedes Seienden!

Gleichberechtigung 26. 12. 56

Alle sind gleichberechtigt – das heißt im Grunde und in seiner soziologischen Auswirkung: Alle sind gleichgeartet. Und wo bleiben die Eigen-Artungen?

Der Satz „Alle haben gleich viel Rechte" wandelt sich unaufhaltsam in den Satz „Alle haben gleich wenig Rechte".

Geistige Kultur 28. 12. 56

Sie ist in dem Maße rein und groß, als jede Gestalt sauber herauskommt, zugleich sie sich mit den anderen zusammenfügt und die Einheit deutlich wird; hinter allem das letzte Eine und Allbegründende vorleuchtet – zugleich aber keine Gestalt in die andere verfließt, vielmehr jede klar in sich steht.

Klerikalismus 4. 1. 57

ist eine der schlimmsten Schädigungen des religiösen Lebens.

Kl. ist die Verbindung menschlicher Fehler und Unzulänglichkeiten mit dem geistlichen Amt.

Herrschsucht, Neid, Klatsch, Hängen an Essen und Trinken, Geldsucht, Sinnlichkeit – alles bekommt einen besonderen, schlimmen Charakter, wenn es sich mit der Trägerschaft kirchlicher Autorität verbindet.

Optimismus – Pessimismus 21. 1. 57

Das psychologische Material der Tugenden und der Fehler sind das Gleiche. Von letzteren sind die einen jeweils die Kehrseite der anderen.

Optimistische Formulierung:

Die Fehler sind die Tugenden, die noch keine Zeit gehabt haben, sich als solche zu definieren.

Pessimistische:

Die Tugenden sind die Fehler, die noch im Harmlosen stecken geblieben sind.

Die geheime Angst 21. 1. 57

Wenn man lange Zeit hindurch gedacht und sich bemüht hat, wie das Gewirre der geschichtlichen Kräfte zum Positiven gewendet werden könne, meldet sich immer hartnäckiger eine Angst: ob nicht die ganze Geschichte im Grunde ein Austragen dessen sei, was die Offenbarung die erste Sünde nennt.

Dadurch wird nichts von all dem Guten und Tagfernen geleugnet, das in der Geschichte getan worden ist. Auch bleibt die Forderung, alles zu tun, das möglich ist, um die Dinge zum Guten zu wenden. Aber der Gedanke wird immer dringlicher, im Letzten bedeute „Geschichte" doch, daß alle Konsequenzen aus der Ursünde gezogen werden. Sagt nicht auch Christus, daß am Ende die Gesamtkatastrophe steht?

Was der Mensch vom Staat will 26. 1. 57

Zuerst will er Sicherheit und Förderung seiner Wohlfahrt.

Tiefer will er Recht und Gerechtigkeit.

Zu allerinnerst will er, daß Hoheit deutlich werde. Darum sitzt in aller Demokratie ein Gefühl des Wohlfeilen – wenigstens in Europa.

Rock an' Roll 29. 1. 57

Nach kurzer Zeit Gefühl einer großen Monotonie.

Substanzarmut im Menschlichen und Geistigen.

Auskühlung des Gefühls.

Ausbruch ins Toben.

Dabei das Schlimme, daß die Formen davon im Urwald Sinn haben, hier aber nur übernommen sind und leer bleiben.

Auskältung des Gefühls 29. 1. 57

Sachlichkeit, Gefühlskälte, Kontaktlosigkeit, Organisierbarkeit – vielleicht alles Vorbereitungen der Natur auf kommende Schrecknisse – so wie die Tiere, wenn der Winter hart werden wird, dickere Behaarung bekommen.

PROGNOSE 29. 1. 57

Der Zustand der Kultur und des menschlichen Lebens scheint immer auf Ausgleich zuzugehen – eine seelische Entropie.
Dann wäre die Zukunft wachsende Monotonie, Langeweile, durch Eruptionen von Tobsucht unterbrochen.

So., 9. 2. 58

Eigentlich sollte ich mir sagen, daß ich für Tagebuchschreiben keine Anlage habe. Heute bin ich aber an die alten Blätter geraten und habe wieder Lust bekommen.

Es ist auch allerlei geschehen inzwischen. Vor allem hat die Trigeminusneuralgie, die ich im Herbst 1955 zum ersten Mal auf der Dorfstraße von Neggio wie einen Blitzfunken gespürt habe, sich inzwischen unangenehm entwickelt. Seit Anfang Dezember vergangenen Jahres habe ich Vorlesungen und Gottesdienst in St. Ludwig nicht mehr gehalten und vorgestern dem Dekan der Fakultät geschrieben, ich müsse für dieses ganze Semester abbrechen. In den zwei Monaten seither bin ich im Ganzen keine 24 Stunden außer Haus gewesen, und die Neuralgie selbst war – und ist – wirklich nicht schön. Manchmal habe ich den Mut verloren. Ein halb Dutzend Ärzte haben nichts zuwege gebracht, auch dreimal Aufenthalt in Kohlgrub nicht. Ob Dr. Korn jetzt etwas Richtiges erreicht, bleibt abzuwarten.

Und abzuwarten, wie es unter diesen Umständen mit meiner Tätigkeit an der Universität und St. L. wird.

Es ist eine schlimme Sache – alles so ungewiß.

Jedenfalls will ich es nun neu versuchen.

Inzwischen ist manches zustande gekommen. Die fünf Mörike-Interpretationen von der Rothenfelser Tagung im Herbst 1956 sind als Buch erschienen („Gegenwart und Geheimnis" heißt es; sollte heißen: „Gegenwärtigkeit und Geheimnis", aber das erste Wort schien zu lang.) Dann sind die verschiedenen Dante-Aufsätze gesammelt worden und kommen demnächst als „Dante-Studien" heraus.

Die Predigthefte stehen bei Nummer 19 und sind bei Nr. 22 druckfertig.

Die „Psychologie Jesu" sollte sozusagen als posthume Publikation von Dr. Frank vorgelegt werden, ist auch bereits im Umbruch da; dann hat er aber auf einen Wink von der Theol. Fakultät hin zurücktreten müssen, und nun weiß man nicht, wie es weitergehen soll.

Soweit das Literarische.

Auf Persönliches einzugehen, wird sich von Mal zu Mal ergeben.

Jetzt habe ich auf jeden Fall – Deo favente – drei Monate freie Zeit vor mir und hoffe, darin einiges zu tun. Vor allem vier Wochen in Hindelang zu sein und allgemeine Besserung zu suchen. Auch vierzehn Tage in Isola. Und wenn möglich, Urlaub für das Sommersemester. Wird der nicht gegeben, dann muß ich wohl um Emeritierung einkommen und mir den Urlaub selbst geben.

Die nächsten Arbeiten sind einmal die Vervollständigung der „Lebensalter". Darin fehlt noch die Phase des ganz alten Menschen. Nicht sehr schön, aber notwendig.

Dann die „Psychologie Jesu". In irgendeiner Weise muß sie in Ordnung kommen.

Endlich die neue Auflage der „Offenbarung", die praktisch ein neues Buch bedeutet, doppelt so groß.

Im Juni des vergangenen Jahres habe ich wieder angefangen, die ganze heilige Schrift zu lesen. Jetzt stehe ich im zweiten Buch Samuel.

Ich lese sie in der Übersetzung von Buber. Durch sie gewinnt alles eine neue Eindringlichkeit. Manchmal klingen die Dinge ein wenig kraß; sosehr man versteht, was gemeint ist. Manchmal weiß ich nicht recht, ist etwas artistisch, oder muß es aus Prinzip so gesagt werden, von der ersten Realität her?

Aber es graut einen zuweilen vor dieser Menschhaftigkeit. So viel Blut . . .

Mo., 10. 2. 58

Gestern habe ich angefangen, Johannes v. Kreuz zu lesen, in französischer Übersetzung. La montée du Carmel.

Scheint mir klar und stark – aber welcher Rigorismus! Jede Anhänglichkeit, jede Liebe zu irgendwelchem Geschaffenen ist unvereinbar mit der Zuwendung zu Gott. – Und die Liebe zum verbundenen Menschen? Zum Beruf? Zu den edlen Dingen? Sagt das Evangelium so?

Die zwei Wege . . . der systematisch-methodische und der des konkreten Lebens!!

Seinerzeit, nach der Verleihung des vorjährigen Preises des deutschen Buchhandels an Thornton Wilder, bekam ich einen Brief von Lambert Schneider mit einem Scheck auf 10000 DM. Wilder hatte angeordnet, der Betrag solle mir gegeben werden, damit ich ihn für Hilfszwecke nach meinem Urteil verwende. Schön von Wilder, und großes Vertrauen für mich. 1500 soll die Doktorandin Ricarda Winterswyl bekommen, für die Drucklegung ihrer Dissertation, die als sehr gut bewertet worden ist. Sie hat gar kein Geld. Andere 1500 für die Wiederherstellung des jungen Vikars Schwenneke, Flüchtling, durchs Studium gehungert, jetzt zusammenge-

brochen. 1200–1500 für Hedwig Conrad Martius, sechzig Jahre alt, bedeutende theoret. Biologin und Philosophin, ohne Amt noch Einkommen.
Ich denke, es entspricht mehr dem Sinn des Gebers, wenn je etwas Ordentliches getan wird, das Frucht bringt, als kleine Hilfen, die rasch verfliegen.
Werde sehen müssen, daß gleichmäßig kathol. und prot. Persönlichkeiten bedacht werden, da Wilder doch, soviel ich weiß, protestantisch ist.
Heute den Entwurf für den Abschnitt „der senile Mensch" fertigdiktiert. Nicht leicht. Alles noch sehr ungeordnet.

Do., 13. 2. 58

Mit der Neuralgie scheint es doch besser zu werden. Sehr langsam, mit vielen Rückstößen, aber immerhin.
Dr. K. ist von einer wunderbaren Hartnäckigkeit.
Heute Abend eine Paraphrase der Ostersequenz für ein deutsches Osteroffizium geschrieben. In zweipaarigen Hexametern, der zweite mit je einer steilen Fügung in der Mitte. Vielleicht etwas klassizistisch, aber, wie ich glaube, ganz feierlich. Dr. Korn wird sie vertonen.
Heute H. Kahlefeld zu Mittag hier. Über meine „Psychologie J. Chr." gesprochen. Sie wird also herauskommen, wie ich sie geschrieben habe, ohne die geplanten Anmerkungen und Einordnungen durch einen anderen.
Ich glaube, sie wird beachtet werden. (1500 Expl. sind übrigens schon vorausbestellt.)

Mo., 17. 2. 58

Dreiundsiebzig Jahre alt. Wird wohl jedem so gehen, daß er sich selbst und die gestiegene Zahl seiner Jahre nicht zusammenbringt.
In diesen Tagen schreibe ich den letzten Abschnitt in den „Lebensaltern", über den ganz alten, senilen Menschen. Sonderbares Gefühl, wenn man sich selbst so die Prognose entwirft.
Die letzten Monate waren durch die Neuralgie so eigentümlich annulliert. aus dem Normalen herausgenommen . . . Ich kann mir noch gar nicht denken, wie es werden soll: Emeritierung . . . oder ein Semester Urlaub . . . oder verlängerte Ferien. Und was wird aus St. Ludwig?

Do., 20. 2. 58

Meine Gedanken kreisen immer um zwei Punkte – die aber wahrscheinlich zusammengehören.

Der erste die immer wieder sich aufdrängende Unbegreiflichkeit, daß Gott das Endliche will und sich auf es bezogen hat – wie das sein könne . . . So daß das Denken den Absolutheitsbegriff festhalten und ihn zugleich immer wieder überwinden muß.

Der andere, daß der Mensch nicht vom Begriff der Natur her gedacht werden kann und seine Geschichte nicht aufgrund des Begriffs des Fortschritts (der Evolution). Sondern daß jedes menschliche Tun wesentlich ein Schritt in die Freiheit und damit in die Gefahr ist; daher alles darauf ankommt, die nicht vorhandene bzw. beständig abnehmende Sicherung durch die Natur durch die in einem ,,Ethos der Verantwortung zu ersetzen" – ja ihn selbst als das wesentlich gefährdete Wesen zu verstehen, das aus der Beziehung auf jenen Entschluß Gottes lebt.

Mo., 24. 2. 58

Heute Abend rief der Rektor hier an und forderte mich auf, zu überlegen, ob ich bereit sei, am 12. Juli die Festrede zu halten bei der Einweihungsfeier des Lichthofs der Universität, in den die Geschwister Scholl damals die Aufrufe gegen Hitler hinuntergeworfen hatten, und das Denkmal für die sechs im gleichen Lichthof.

Ich hatte gleich das Gefühl, das tun zu müssen. Es ist wohl nicht gleichgültig, wie die Rede ausfallen wird, die vor einer großen akademischen, aber auch offiziellen Hörerschaft gehalten werden soll.

Also muß ich die Sache gut überlegen. Meine persönliche Situation wird dadurch nicht einfacher.

Vielleicht über die Verpflichtung gegen die Geschichte, angesichts der Gleichgültigkeit gegen die Geschichte der Zeit in Westdeutschland. Immer mehr wird die Haltung geschichtslos: Geld, Vergnügen, Technik, Sport . . . Bei der Feier für die Geschw. Scholl am vergangenen Samstagabend seien etwa 150 Studenten und ein Dutzend Professoren dagewesen. Bei der Versammlung wegen des Gitterspruchs im Lichthof (Dulce et decorum . . .) waren es zwischen 2500–3000. Da ging es aber auch um Krachmachen.

Mi., 26. 2. 58

Die Massage am Montag und die heute haben mir Zuversicht gegeben. Es ist merkwürdig anzusehen, wie Dr. K. zäh weiterarbeitet. Und eine Zuversicht in mir verbündet sich mit ihm, so daß es vielleicht doch gelingt und ich wieder anfangen kann, zu arbeiten.

Es ist noch so viel zu tun! Und wenn es nicht anmaßend ist – es sind so wenige, die die Hand haben . . .

Mir geht es sonderbar bei der Lektüre von H. Pongs' Raabebuch. So mancher Ton von früher kommt herüber.

Do., 27. 2. 58

Das Propagandabüro von Mister Cecil de Mille hatte laufend Unterrichtungen über den Monstrefilm „die zehn Gebote" gesandt. Gestern rief die hiesige Stelle an, ob ich am Abend des 28. zur „Première" kommen werde. Darauf habe ich erwidert, ich fände die Sache furchtbar und wollte mit ihr nichts zu tun haben.

Fr., 28. 2. 58

Heute Namenstag. Seit drei Monaten zum ersten Mal wieder in der Stadt. Ich habe gemerkt, wie leicht es sein müßte, sich in einen engeren, stilleren Bereich zurückzuziehen, und würde dabei nicht viel verlieren.

In der Buchhandlung an der Briennerstraße sah ich eine Publikation über Raffael. Da wurde mir wieder die Erfahrung lebendig, die ich mit ihm gemacht habe. Erst selbstverständliche Bewunderung; dann überlegene Ablehnung; dann, ich glaube vor der „Schule von Athen" im Vatikan, Berührung durch seine unerhörte Kunst.

Man muß sich ihn wiederentdecken. Er ist nicht leicht wahrzunehmen, weil er so vollkommen ist. Neben ihm steht kein Maler. Mozart, Praxiteles . . .

Ich glaube, es ist ein Test, wie einer sich zu Raffael stellt.

So., 2. 3. 58

Gestern Nachmittag hat Heidegger bei Graf Podewils ein Stück aus einem Kolleg vorgelesen. Es sollte eine Probe dessen sein, was er bei der Vortragsreihe der Akademie der Schönen Künste im Herbst sagen will.

Es ist mühsam, ihm zu folgen. Man möchte alle fünf Sätze innehalten und nachdenken. Auch wie er immer aus einem Wortbild ins andere geht, macht müde, und man weiß manchmal nicht, was und ob überhaupt etwas gesagt ist.

Der ziemlich große Kreis saß, glaube ich, recht hilflos da.

Von Professor Hübinger, der die Organisation der geistigen Abteilung des deutschen Teils hat, kam wieder eine dringende Aufforderung, den Vortrag auf der Brüsseler Weltausstellung zu übernehmen. Trotz des Risikos mit meiner Neuralgie.

Ich weiß gar nicht, was ich tun soll.

Di., 4. 3. 58

Gestern Abend war Heidegger hier. Wir haben zusammen zu Abend gegessen und über manches gesprochen. Es war sehr freundlich.

Wir stehen jetzt auf Du. Seit dem Jahre 1912 oder 13 kennen wir uns, von Freiburg her.

Heute Morgen Besprechung im Prinz-Karl-Palais: Heidegger, Georgiades, Podewils und ich. (Wimmer saß bald hier, bald dort und machte Skizzen von H., den er portraitiert.)

Wir haben den Plan für die Herbsttagung durchgesprochen. Sie kann sehr schön werden, wenn sie gelingt. Preetorius soll begrüßen, dann: Buber; Weizsäcker und Burckhardt; Heidegger; W. F. Otto und Georgiades; ich.

Do., 6. 3. 58

Prof. Lotz und Dr. Forster gestern Abend bei mir. Wir haben über die Jahresfeier der Akademie gesprochen, die zugleich der kathol. Beitrag zum 800. Geburtstag von München sein soll. Ich bin froh, daß ich erklärt habe, im Sommer könne ich zu Brüssel und der Lichthofrede nicht noch etwas nehmen.

Nun wird sie hoffentlich Lotz halten.

Schöner Vormittag heute in der Spitzwegausstellung. Die Bilder sind eine wahre Erquickung.

Dr. Forster vorgeschlagen, er solle doch etwas zum Gedächtnis von Lourdes tun, und zwar so, daß einige Vorträge über das Wunder unter verschiedenen Aspekten bringt.

So habe ich meinen nie abgeschlossenen Vortrag über Wunder und Naturgesetz neu durchgenommen und bin nun am II. Vortrag: Wunder und Zeichen.

So., 9. 3. 58

Seit Mitte November nicht mehr auf der Kanzel gestanden. So Gott will, aber jetzt bald wieder.

Vorgestern ist das Belegstück für die Plattenpublikation der Teldec von meiner Rede über „Kultur als Aufgabe und Gefahr" erhalten. Mir war sehr dumm zumute. Ich komme in diese Zeit nicht mehr hinein.

Mi., 13. 3. 58

Ich weiß nicht, ob infolge des verrückten Wetters, in dem Schnee, Regen, Wärme, Kälte wild abwechseln – jedenfalls macht mir die Neuralgie immer wieder zu schaffen.

Die Therapie geht gleichmäßig weiter: Bindegewebsmassage, Arzneien, Stichelbehandlung, Vitamininjektionen. Vielleicht gelingt die Heilung. Sobald der Anfall richtig im Gang ist, hilft kein Mittel. Ich versuche es dann mit der Geduld.

Von Zeit zu Zeit kommt mir zu Bewußtsein, wie gleichmäßig und, im Grunde, wie still mein Leben geht. Ich komme sehr wenig mit anderen zusammen; hier und da ein Besuch. Komme auch nicht zu Veranstaltungen. Zuweilen, um einen kleinen Wechsel zu haben, der aber keine Ansprüche stellt, ein Film oder ein Gang in die Stadt. Im übrigen Lesen, Schreiben, stille Gänge mit meinen Gedanken. Abends ist es schön, wenn nichts mehr zu hören ist, und ich sitze am Schreibtisch.

Zur Zeit mache ich die Interpretation des Rilkefragments fertig („Laß Dir, daß Kindheit war"). Sie wird ziemlich umfangreich. Etwa 60 Seiten. Ich glaube, sie gelingt.

Daneben läuft der Vortrag, den Pfr. Doerfler für die hiesige evangelische Gemeinde gewünscht hat: „Evangel. Christentum in katholischer Sicht heute". Ich will es indirekt machen: was die Kirche mir bedeutet.

Weiter zwei Vorträge über „Wunder" und „Zeichen".

Und endlich der Gedächtnisvortrag für den Kreis der Geschwister Scholl: über die Geschichtslosigkeit des westdeutschen Menschen unserer Zeit.

Ziemlich viel. Aber dadurch, daß keine Termine drängen, komme ich ruhig voran.

Den Vortrag auf der Brüsseler Weltausstellung habe ich abgelehnt.

Fr., 15. 3. 58

Am Nachmittag war Prof. Maak (Mathematik), Mitglied unseres Freitagskreises, zum Tee hier. Er geht nach Göttingen, leider.

Sonderbare Dinge über die Art, wie vom Kultusministerium Berufungsangelegenheiten behandelt werden . . .

Dann aber Gespräch über mathemat.-philosophische Fragen, bes. den Begriff des Unendlichen, und schließlich Berührung des Religiösen.

Es scheint, daß man in intensivster wissenschaftlicher Arbeit leben kann und von religiösen Dingen nichts erfahren.

Mo., 18. 3. 58

Die Interpretation des Rilkefragments („Laß Dir, daß Kindheit war") fertig.

Wunderschönes Konzert des Trio di Trieste. Eigentümliches Gefühl des Vollkommenen. Wo immer es gelingt, dasselbe Gefühl des Endgültigen. Und daß etwas aus der Zeit hinaustritt, ins Gültige.

Fr., 21. 3. 58

Der Band mit den Dante-Studien ist da. Er macht mir keine besondere Freude.Ich habe ihn eigentlich Dr. Wild zuliebe fertig gemacht.

Manchmal wird mir aller Bücherkram so gleichgültig; Lesen, Schreiben, Publizieren . . . Ein einziges reines und tiefes Erfahren ist mehr als alles das.

So., 23. 3. 58

Gestern habe ich die Tagebuchblätter gelesen, die Ludwig Neundörfer mir aus dem Tagebuch von Karl zum 70. Geburtstag hatte abschreiben lassen. Winter 1906/7 . . . Über ein halbes Jahrhundert her . . . Darin kommt auch mein Name immer wieder vor.

Ich frage mich, ob das alles wahr ist . . . Ich das bin, von dem da geredet wird?

Draußen immer noch alles weiß von Schnee. Nachts tief unter Null Grad. Wir verlieren wieder den Frühling.

Die Neuralgie ist immer noch so stark, daß ich mich nicht zu reisen getraue. Heute Morgen kam der Gedanke, ich wollte wieder einmal nach Mainz, die alten Orte sehen, sofern sie noch da sind . . . die Gonsenheimer Straße, St. Bonifatius, das Seminar . . . „Altershausen".

Di., 26. 5. 59

Vierzehn Monate zwischen dieser und der letzten Aufzeichnung.

Di., 26. 5. 59

Der Pantheismus ist eine Technik, das ganze Leben voll Religiosität zu haben und keine Stunde echte Verantwortung vor Gott.

Geschrieben nach einem Versuch, Morgensterns Aphorismen tiefsinnig zu finden.

Mi., 27. 5. 59

Kolleg über die Erlösung; näherhin über das „Problem" des Liebens Gottes.

Es wäre schön, wenn das Ganze zustande käme: eine Darstellung des Glaubensganzen, ohne theologische Fachlichkeit, in der Sprache allgemeiner Bildung. Überall der Versuch, zum „Phaenomen" vorzudringen, alles frisch zu sehen.

Das Auditorum Max. war wieder ganz voll, überall Hörer stehend. Wenn ich nur endlich einmal meiner selbst sicher würde. Aber das wird wahrscheinlich nie sein.

Do., 28.–Sa., 30. 5. 1959

Im Geistigen scheint sich manches leise zu ändern. Das Erste: das so lange Jahre hindurch immer wache Problem, wie angesichts der Absolutheit Gottes die Welt und das Menschenschicksal möglich sei, scheint sich zu lösen, seit dem Gespräch mit Pater Babolin in Isola, der zu verstehen gab, dahinter könne der Anspruch stehen, beurteilen zu wollen, was Gott möglich sei. Jedenfalls schweigt es, und die Gesinnung nimmt „Gott" so, wie die Offenbarung von Ihm redet.

Das Zweite: Im Lesen von Balthasars Buch über Buber die Einsicht, wie das Judentum – ebenso wie der Protestantismus – eine fortgehende Bedeutung habe, ohne daß die Gültigkeit der katholischen Kirche in Frage gestellt würde.

Und endlich: das Gefühl, daß Er herblickt und ich Ihn anblicken kann.

Sa., 6. 6. 59

Besprechung über das Thema der wissenschaftlichen Vortagung zum Eucharistischen Kongreß 1960.

Vorgeschlagen, ein Thema zu nehmen, das intensiv ist und einen Gegenpol zur Konventionalität und Monotonie der üblichen euchar. Themen bilden könnte: das Gewissen. Wird wahrscheinlich angenommen.

Aber was ist das für ein „christliches" Phaenomen! Die Eucharistie, einst das absolute Arcanum, jetzt Gegenstand eines Weltkongresses, mit all seinem grauenhaften Betrieb!

Do., 11. 6. 59

Am Montag nach Bonn gefahren. Jahreskapitel des Ordens Pour le mérite. Abends Empfang des Rektors der Universität. (Der Bundespräsident anwesend. Saß neben ihm; er ist wirklich nett.) Am nächsten Morgen 9–1 das Kapitel. Ich hatte es vergessen, war zum Glück zuhause und konnte den telef. Ruf vom Praesidialamt entgegennehmen, sodaß ich mit 1/2 Stunde Verspätung dort war. (Nicht so betroffen, wie ich es hätte sein können. Hatte keine Zeit dazu.)

Die Sitzung sehr würdig. Ich kenne also jetzt kollegialiter viele eminente Leute.

Mittags zum Frühstück im Haus des Bundespräsidenten. Zuerst begrüßte er die Leute des Ordens, besonders die neu aufgenommenen. Es ist eine schöne Gabe, es so tun zu können. („Sie, Herr Guardini, haben uns auf so manches aufmerksam gemacht . . .") Zu Tisch in einem schönen langen Saal, mit dem Blick auf den Rhein. Ich saß zwischen Hahn und v. Laue. Adenauer rechts gegenüber. Er hatte etwas Grau-Starres im Wesen. Mir kam immer wieder der Gedanke, was das tragische Moment ist: etwas an sich Kleines, an dem aber Großes ins Gleiten kommt.

Nachmittags um 17 s.t. öffentliche Versammlung in der Universitäts-Aula; Bundespräsident, Kardinal, vielerlei Amtsträger. Alles sehr würdig. Begrüßung und kurze Verständigung durch den Ordenskanzler Kaufmann. Bergengruen kommemorierte sehr schön seinen Vorgänger Reinhold Schneider; Litt, der hätte Alfr. Webers gedenken sollen, ist schwer erkrankt; Ritter sprach über General v. Kuhl; ich hatte den Vortrag „über einige Züge im Dantebild der Commedia".

Am Abend wieder Empfang, vom Bundesinnenminister im Presseklub. Nachgerade anstrengend, aber nett. Kam mit Hindemith ins Gespräch über die Möglichkeit moderner Sakral-Gebrauchsmusik. Er glaubt, daß sie nicht möglich sei, nur gregorianisch.

Mittwochvormittag bin ich lange in Bonn herumgegangen. Vor 37 Jahren hatte ich mich dort habilitiert, 1922 . . . Viel Anlaß zum Sich-Erinnern und Sich-Wundern.

Das dürfte der Höhepunkt gewesen sein.

TEIL IV

München, So., 30. 8. 59

Diese Aufzeichnungen habe ich angefangen, als mir klar geworden war, ich sei nicht fähig, ein Tagebuch zu führen.

So wünschenswert ein solches mir immer erschienen ist, es ist immer wieder eingeschlafen. Ich bin mir selbst offenbar nicht interessant genug, um regelmäßig Zeit an solche Berichte zu wenden – und die Erinnerung spielt in meinem geistigen Haushalt eine zu geringe Rolle, sonst wäre die Sorge, Gewesenes aufzubewahren, wirksamer geblieben.

So will ich es weiterhin in anderer Weise versuchen: Gedanken festzuhalten, die außerhalb der zusammenhängenden Arbeit entstehen.

München, So., 30. 8. 59

Bei der Lektüre von Th. Manns „Zauberberg“:

In seiner Rede vor den Studenten in Princeton sagt er, das Buch sei ihm erst zum Kunstwerk gediehen, als er sein eigenes Erlebnis in Davos überwunden hatte und fähig geworden war, es in das souveräne „Spiel“ der reinen Gestaltung überzuführen. Er dürfte sich getäuscht haben. In Wahrheit ist er wohl existentiell nie aus dem Zauberberg der Krankheit wirklich hinausgekommen. Und nie aus dem eines Pseudo-Mythos, sonst hätte er nicht in den Josefsromanen versucht, das Alte Testament, dessen Wesen mit in der Überwindung des Mythos besteht, zu mythisieren.

Gallarate, Mi., 2. 9. 59

Die Psychologie sagt uns, daß ein Impuls, der weder seinem Sinn gemäß erfüllt noch entsprechend sublimiert wird, Krankheit erzeugt. Wenn Gott wirklich und die Beziehung zu ihm wesentlich ist, dann muß der Versuch, Ihn auszurotten, zu einer pathogenen Macht ohnegleichen werden.

Die ersten Anzeichen davon dürften in der offen proklamierten Amoralität der totalistischen Politik bestehen, deren Konsequenzen noch gar nicht abzusehen sind.

Isola Vic., Di., 9. 9. 1959

Der kleine Schnauzer Bella ist ins Haus gekommen:
Man sieht mit Augen, wie sich die Bindung des Tieres an uns hier herstellt. Zum ersten Mal kommt mir zu Bewußtsein, daß der Mensch in gewisser Weise Schicksal spielt, wenn er ein Tier so bindet. Aber er denkt kaum daran, was er damit tut, sondern nimmt das Tier meist als Ding, dessen „Subjektivität" nicht in Betracht kommt.

Isola Vic., 11. 9. 59

Trigeminus-Neuralgie: sozusagen reiner Schmerz. Ohne feststellbare physiologische Ursachen noch Veränderungen; tritt ohne Übergänge ein; hört plötzlich auf, so ganz, daß nicht einmal eine Erinnerung an ihr Wesen bleibt. Wenn sie aber da ist, dann so durchdringend, daß sie jeden Versuch innerer Selbstbehauptung zur Seite drängt.

Isola, 12. 9. 59

Th. Mann nimmt im Zauberberg alles, auch die entscheidendsten Dinge als Material für jenes Spiel, das er „Kunstwerk" nennt. Kann man das aber, ohne daß, existentiell, alles unernst wird? Kann der Tenor des Werkes durchgehend ironisch sein, ohne daß alles zum Verrat wird?

Die Weise vollends, wie er die Gestalt und Haltung des Holländers zu Gethsemane in Beziehung setzt, ist einfach Schmutzerei im Geist; nicht dargestellt, sondern reale, in dem, der darstellt.

Man muß bis in den Kern hinein ungläubig sein, kalten Unglaubens, um das zu können.

Isola, 13. 9. 59

Manchmal erscheint in einem Gesicht eine Schönheit, die ihrer selbst ganz unbewußt ist, ja sofort verschwinden würde, wenn sie zu Bewußtsein käme. Gehört sie dann dem Betreffenden? Gibt es nicht-gewußten Besitz? Vielleicht kann man sagen, sie geht ins Ganze der Persönlichkeit ein, mit ihrer nicht-gespiegelten Reinheit; dieses Ganze aber tritt immer wieder ins Bewußtsein. Oder: sie gehört dem Menschheitsganzen und gestaltet dessen Leben. Die eigentliche Antwort wird wohl lauten: Gott weiß sie, und in Ihm sollen wir sie finden.

Isola, 14. 9. 59

Was ist eigentlich Alchemie? Das alchemistische Denken? Wenn man von dem absieht, was in ihm Vorform der wissenschaftlichen Chemie ist, wird man wohl sagen können: Alle menschlichen Dinge: Affekte, Grundakte, Beziehungen haben Analogien im Außermenschlichen. Die Alchemie gibt diesen menschliche Bedeutungstiefe und hypostasiert sie zu mythischen Mächten und Wesenheiten. Z. B.: In dem und dem Vorgang ,,läutert" sich die Substanz zu . . . Oder: Darin feiert diese Substanz mit jener Hochzeit . . .

Isola, 15. 9. 59

Die Bedeutung, die dem Ästhetischen für die Existenz zugemessen wird, steht im umgekehrten Verhältnis von jener, die man der Wahrheit gibt. Je zweifelhafter das ,,Was" des Daseins, desto wichtiger wird das ,,Wie".

Von einem gewissen Punkt ab drängt sich das dem existentiell ernstwilligen Geist so stark auf, daß die Ästheterei nicht nur grotesk, sondern widerlich wird.

Für Th. Mann vollendet sich die Kunst in der Ironie und Parodie (G. Benn).

Isola, 15. 9. 59

Die Rede von Heuss am 12. 9. 59. Darin bestimmt er Demokratie als ,,Herrschaft auf Frist" und charakterisiert die Monarchie durch die Mängel einer dauernden Herrschaft, ohne die Möglichkeit regelmäßigen Wechsels. Es wäre gerecht – und klug – gegen jene gewesen, die an der Demokratie leiden, weil sie im Letzten arm an Substanz scheint, auch vom Positiven der Monarchie zu sprechen, nämlich von der Möglichkeit echter Tradition. Dann hätte er immer noch hinzufügen können, ihre Stunde sei vorbei und wir seien durch die neue Situation verpflichtet.

Isola, 16. 9. 59

Was im Christlichen alles, aber auch schlechthin alles, Denken, Tun, Sein entscheidet, ist, ob Gottes Wirklichkeit erfahren wird, ob Er als Wirklicher, als der letztlich allein Wirkliche in der Existenz steht.

Alles andere ist daher bestimmt; ist daher lebendig oder bloß gedacht, ja geredet.

Isola, 18. 9. 59

Hier hat man in den letzten drei Jahren den Übergang von der landwirtschaftlichen zur industriellen Existenz mit Augen sehen können.

Der Bauer hat auf dem Acker und im Stall gearbeitet; war meistens schmutzig und hat schlecht gerochen. Jetzt ist er sauber und rasiert sich mit dem Apparat; aber er ist der Natur ferngerückt.

Er ist vom Dienst der Elemente frei; aber dafür steht er in dem der Maschine. Und hat jene Weisheit verloren, die aus der Natur und der von ihr bestimmten Tradition kommt. Hat er gewonnen? Wird er eine neue, ebenbürtige finden?

Isola, 20. 9. 59

Die frühen Novellen von Th. Mann: Man sieht, wie die Mittel sich entwickeln, die später meisterhaft gehandhabt werden sollen, sieht auch das jugendlich Übersteigerte. Und die Grausamkeit, mit welcher menschliche Not aufgespürt und bloßgestellt wird . . .

Aber ist nicht alle Kunst in der Wurzel grausam? Ob es dann noch ausdrücklich dazu kommt, ist eine Frage des Temperaments und des Zufalls. Aber von vornherein und entscheidenderweise ist es die Wesenshaltung des Künstlers, der aus dem Lebensbezug heraustritt und den Gegenstand überhaupt erst zum Objekt der Gestaltung macht. Hier liegt der Grund zu einer tiefen Unsittlichkeit des Kunstwerks, abgesehen von allem Inhalt: in der Kälte des sachlichen Blicks.

Isola, 20. 9. 59

Weisheit:

Mehr haben, als man zeigt, mehr können, als man angibt, mehr sein, als man scheint.

Isola, 1. 10. 59

Die Bildung des christlichen Bewußtseins ist zuerst Sache innerer Erfahrung, in welcher Wirklichkeit und Wesen des Geoffenbarten deutlich und eindringlich wird. Dann aber Sache einer geistigen Bemühung. Kierkegaard hat nicht zufällig von der „Einübung ins Christentum“ gesprochen.

Eine entscheidende Erfahrung ist die des Vater-seins Gottes. Die Übung aber besteht darin, die Tatsache des väterlichen „engagements“ Gottes ins

Endliche, nein in die eigene Belanglosigkeit mit Seiner Absolutheit zusammenzubekommen, ohne daß eins der beiden „Elemente" Schaden leidet. Das dritte Element, die Inkommensurabilität, muß aber auch lebendig bleiben; ein beständiger Anlaß zur biblischen Entscheidung zwischen Glaube und Ärgernis. Aus ihr geht, richtig bewältigt bzw. gelöst, die Anbetung hervor, der Dank und ein Vertrauen über alle Begründungen hinaus.

Isola Vic., 4. 10. 59

Monte Berico. – Hin und wieder wird geschenkt, daß man an den Kern der Gotteswerke zu rühren glaubt.

Christus hat uns geoffenbart – und, vorher durch seine Menschwerdung begründet –, daß der einfachhin Seiende und Gültige unser, nein, mein Vater geworden ist. Nicht unmittelbar, kosmisch, psychologisch, ethisch, sondern durch den menschgewordenen Sohn.

So ist, für jeden, der glaubt, etwas im Gang, das „über alle Vernunft" geht: der Vater verwirklicht in ihm die „Eingestaltung in Christus", die Sohn-werdung. Durch alles, was der Glaubende ist und tut und ihm geschieht, wirkt der Vater das.

Und nun ist mir etwas nahegekommen, was mir J. W. gesagt hat, als ich kürzlich in M. war: Jenes Geschehen, das im Herzmysterium des christlichen Daseins, wandelnd, Brot und Wein in die lebendige Wirklichkeit Christi zieht, greift hier weiter: es wandelt den Daseinsstoff dieser Menschen in das Neue, die Christusteilhabe, das Kind Gottes. So bei jedem, der glaubt; so, durch ihn, die Welt.

Hier liegt der Kern der paulinischen Botschaft.

Immer aufs Neue muß der Glaubende das Geheimnis gegen die Kräfte des Ärgernisses aufrichten – auch und gerade gegen die Stimme, die sagt, es sei Torheit, ja im Grunde Lästerung, den Einzig-Seienden in etwas Derartiges hereinzuziehen.

So wird christliches Bewußtsein bedeuten, im Innersten, in der Mitte des Denkens und Motivierens und überhaupt des Existierens: dieser Gedanke – nein, diese Wirklichkeit ist und wirkt. Das ist dann Glaube und Vertrauen und Liebe und Tun, alles in einem.

Dabei freilich nicht zu vergessen, daß die in Christi Leben grundgelegte Form von alledem das Kreuz ist.

München, 11. 10. 59

Die Zeitschrift „Antaios“, charakterisiert als „Zeitschrift für eine freie Welt“, herausgegeben von Mircea Eliade und Ernst Jünger. Das erste Heft spricht über mythenwissenschaftliche Themen. Rudolf Pannwitz redet in dunklen Worten über die ewige Wiederkehr als letztes Wort zur Überwindung der Eingegrenztheit des Individuums, und Georg Friedrich Jünger deutet durch merkwürdige Interpretation der Antaiosmythe die Absicht der Zeitschrift.

Ob irgendeiner der zweifellos hochintelligenten Herausgeber und Mitarbeiter sich davon etwas in irgendeinem darlegbaren Sinn Ernsthaftes für den Menschen unserer Zeit verspricht?

Welchen Überdruß man an all der Schreiberei bekommt!

München, 21. 10. 59

Die tiefste Definition des Menschen – sagen wir besser, die reichste – ist die, daß er in keiner Umwelt aufgeht, er allein unter allen Lebewesen, sondern vom Wesen her zur Welt als Ganzem in Beziehung steht. Von dorther überschreitet er – oder kann es – beständig jede Umwelt-Grenze.

Das Maß der Begabung eines Menschen ist der Grad dieser Weltbeziehung – man kann auch sagen, das Maß der Intensität, mit welcher die Welt sich in ihm zu Bewußtsein, zur Geltung bringt.

Auch hierin liegt die Gott-Ebenbildlichkeit des Menschen.

München, 26. 10. 59

Wie seltsam ist der Vorgang der Produktion! Ein Motiv springt auf, fällt in das Innere und benimmt sich wie ein Wesen mit eigenem Willen. Es wächst, entfaltet sich, holt Lebensstoff aus Wissen und Erinnerung und eignet es sich ein.

Die wichtigste Kunst dessen, dem so geschieht, ist die, es mit einer Sorge zu umgeben, die ihm Freiheit läßt; es zu ermutigen, ohne es direkt zu beeinflussen; es im Bewußtsein zu haben, ohne es direkt anzuschauen.

Es ist schön, zu fühlen, wenn diese Autonomie des Schöpferischen sich wieder rührt!

München, 25. 11. 59

Alledem, was mit Kunst zusammenhängt, haftet etwas Kaltes, Grausames an. Es ist sonderbar, das zu sagen, wenn doch Kunstschaffen und Kunstwesen so viel Eingebung, Hingabe, Wohllaut, Entzücken mit sich bringen. Dennoch scheint es so zu sein.

Wahrscheinlich kommt es davon her, daß der Künstler, um wirklich ein solcher zu sein, der sich vor den großen Maßstäben verantwortet, immer wieder zum Leben in eine Objektivitätsferne treten muß, die das Menschliche aufhebt.

Das bricht dann in alledem, was Ästhetentum heißt, in tausendfachen Erscheinungen heraus.

München, 6. 1. 60

Lange Lücke . . . Neuralgie, Krankenhaus, Operation . . .

Nach den Feiertagen:

Eine der großen Gefahren für den Glauben, für die ,,Leistung" des Glaubens:

Daß die großen Zahlen: der Geschichte, des Menschen, des Lebens, der Weltstruktur . . . der Massen und Raummaße der Welt . . . dazu der Kulturleistungen unserer Zeit, der Menschen usw. unserem Dasein, als Menschen auf dieser Erde, alle Wichtigkeit wegzehren und es sehr schwer wird, mit ihm jene göttliche Bedeutsamkeit zu verbinden, von welcher die Offenbarung spricht.

Diese Schwierigkeit erwacht mit der Neuzeit (Pascal), hat aber jetzt, wie es scheint, eine kritische Grenze überschritten.

Hier ist eine neue Gnade nötig; eine Vergewisserung durch den Gott, der die Wahrheit und die Macht ist.

Aber auch eine neue ,,Leistung", eine ,,Einübung" in den Glaubensakt, der wesentlich Überwindung der Welt ist: ,,Das ist der Sieg, der die Welt überwindet, unser Glaube".

Was überwunden wird, ist die Wirkung jener Zahlen, und zwar nicht nur, wie bei Pascal, durch das Bewußtsein von der qualitativen Größe des Menschen, sondern vom personalen Verhältnis zu Gott, von seiner Liebe her.

München, 6. 1. 60

Epiphanie – Fest des Aufleuchtens Gottes im Gekommenen . . . Wo ist das hinverschwunden! In das sentimentale Geschehnis der bunten ,,drei Könige" und ihrer Fahrt von weither . . .

Was ist aus dem Auge geworden, das die Epiphanie sieht? Kann hier etwas getan werden?

Aus welcher Tiefe taucht in der Liturgie das Bild des Wassers auf: maria et flumina . . . geht über in das der Taufe Christi und seiner Vermählung mit der Kirche – und wieder in das des Weins beim Hochzeitsmahl in Kana . . . und von da gehen die liturgischen Anklänge im Wissenden weiter, wie Echo um Echo: Wasser, Sintflut, Rotes Meer . . . Kana, Eucharistie, Hochzeitsmahl der Apokalypse, Himmlisches Jerusalem, Braut und neue Schöpfung.

Wer die Liturgie richtig feierte, würde in dieses Auftauchen von Bild hinter Bild, in dieses Hallen und Wiederhallen heiliger Worte eintreten und darin weitergehen.

München, 9. 1. 60

Man müßte eine Theologie schaffen, die von den Grundwirklichkeiten der Schrift, dem Elementargehalt der Kirche und dem Wesen des Lebens ausginge, in einer Sprache, welche der lebendige Theologe und der Laie gemeinsam hätten.

München, 9. 1. 60

Was wäre größer gewesen – eine gelungene Schöpfung . . . ein von Anfang an sich erhebender Triumph des Richtigen und Guten . . . Oder diese so furchtbar verstörte, in welcher Gott steht, wie Er darin steht?

Eine Welt, die sich in der Gnade vollendet hätte, oder die unsere, die verloren ist und zu Gott geht, damit Er sie erlöse – ja, die zu einem großen Teil gar nicht erlöst sein will und für die die Glaubenden „gegen alle Hoffnung" an Gottes Liebe appellieren müssen, damit Er in einem Wunder der Ewigkeit „alles neu" mache?

München, 20. 1. 60

Die große Zahl wird, sobald sie ins menschliche Dasein eindringt, zu einer apokalyptischen Macht. Sie bringt alles zum Verfall, was groß, edel, innerlich, kostbar, ehrbedeutsam ist.

Ihr Eindringen ist deshalb so furchtbar, weil jeder Schritt durch die gewichtigsten Gründe gestützt werden kann.

Vor ihr hat das verzweifelnde Gemüt nur eine Gegenwehr: zu bezeugen: das Edle ist doch edel, auch wenn es, scheinbar, im Warenhaus verkauft und bei Rowohlt gedruckt wird – die Bezeugung geht zu Gott und ist seiner Bestätigung gewiß.

München, 27. 1. 60

Die Offenbarung, daß Gott die Welt – und mich – geschaffen hat, macht den Satz, das Beste sei, nicht geboren zu sein, von Grund auf falsch.

Für den Menschen ruht das Geborensein unmittelbar auf der Erschaffung des Daseins auf.

München, 27. 1. 60

Die apokalyptischen Reiter:
Die große Zahl
Die perfekte Technik
Die absolute Wohlfahrt
Die Geschlossenheit der „Welt".

Isola, 12. 5. 60

Zur Meditation am Morgen:

Ich bin hier, gesammelt gegenwärtig.

Und Gott ist hier, Wirklichkeit. Nein, nicht „hier", sondern überhaupt . . . und der allein, aus sich, und einfachhin Wirkliche.

Alles sonst, auch ich, nur durch Ihn wirklich, und „vor" Ihm, gerufen, an meinem Ort.

Das wird in der Anbetung zum Akt.

In Offenwerden . . . Bereitschaft... „Hier bin ich" . . . „Rede, Herr".

Weil Er allein von der Wurzel her seiend ist, allein selbstverständlich wesenhaft, deshalb kann er übersehen, mit Schein von Wahrheit geleugnet werden.

Die Vollkommenheit „verschwindet" . . . Ihre ontologische Demut . . .

Anderseits: die eigentliche Wachheit – und Ritterlichkeit –, Ihn zu „bemerken" – und zu Ihm zu stehen.

Isola, 17. 5. 60

Je vollkommener ein Akt, ein Seiendes, eine Gestalt, desto weniger auffällig sind sie . . .

Gott ist reine Vollkommenheit: Er kann übersehen werden . . . Er begründet alles in vollkommener Weise: Es ist möglich, nur das von Ihm Begründete zu sehen und Ihn zu übersehen.

Der Ganz-Vollkommene verhält sich wie das Nichts. Aber was für ein Nichts! Das seiende Nichts; die reine Selbstlosigkeit . . .

Isola, 19. 5. 60

Wenn die Psalmen Grundlage des priesterlichen Gebetes bleiben sollen, muß etwas geschehen, das es möglich macht.

Einmal, als erste Voraussetzung, eine richtige und gute Übersetzung. Dann eine hinreichende, auch geistesgeschichtliche Exegese.

Endlich aber, und vor allem, eine Anweisung, wie sie zum Gebet, zum Gottesumgang, zur inneren religiösen Haltung werden können. Denn sie sind nicht christlich. In ihnen ist die Wertordnung noch nicht die Christi. Sie sind vorchristlich, gehen auf Ihn zu, sind aber noch nicht bei Ihm. Es muß gezeigt, geübt werden, wie diese Vor-Welt christlich realisiert werden kann. Diese realistische Welt, ins Irdische eingefangen, ohne Bewußtsein eines ewigen Lebens, von den elementarsten Leidenschaften durchwirkt . . .

Dazu genügt der Gedanke der Vorbildlichkeit nicht; ebensowenig die einfache Adaptation.

Man muß ehrlich sein . . . und muß die Tiefen des Lebens, auch die bösen, sehen . . .

Sehr schwer . . .

München, 19. 8. 60

Das Magnum-Heft „Tabu“.

Erregender Gedanke: die zweite Aufklärung . . . Alles soll durch die Durchleuchtung des Wissens gehen. Ja, durch die des Sehens (Photographie), der Veröffentlichung. Was dabei zerstört wird, soll zerstört werden.

Furchtbares Risiko. Erstens: dabei wird vorausgesetzt, der Mensch, wie er ist, sei der Mensch, und er werde die Prozedur ohne wesentlichen Schaden ertragen. Zweitens: der die Prozedur durchführt, habe die Qualitäten, die nötig sind, damit er nicht Lebenswichtiges zerstöre . . .

Und die Ehrfurcht, die Scham – was wird aus denen?

München, 21. 8. 60

Empfindungen bei der Begegnung mit dem Griechischen:
Zuerst das Entzücken über die Schönheit –
dann die Trauer über den Untergang.

Endlich das Gefühl, sich gegen den Übermut der „Humanisten" von Goethe bis Nietzsche wehren zu müssen.

München, 26. 8. 60

Der moderne Mensch will seine Person los sein, weil sie ihn mit der Verantwortung belastet – so wird er Kommunist.

Und er will seine Seele los sein, weil sie ihm den Schmerz bringt – so opfert er die private Welt und wirft sich in die Öffentlichkeit.

München, 14. 1. 61

Fast fünf Monate leer . . .

Ich glaube, die Menschwerdung des Sohnes muß viel tiefer, voller, ich möchte sagen: schmerzbringender – sogar gefährlicher gedacht werden, als es meistens geschieht. Meistens wird sie von der Auferstehung rückwärts, oder überhaupt nur von der dogmatischen Formel her gedacht. Meistens steht keine Erfahrung von Wirklichkeit – dieser einzigartigen Wirklichkeit dahinter.

M., 16. 1. 61

Nachfolge Jesu – wann wird sie real? Wenn die Weise, wie Er die konkreten Aufgaben des Lebens löst, vorbildlich werden. Wenn der Willige sagen kann: wie macht Er es? und es dann selbst so tut. Dazu muß aber seine Göttlichkeit wirklich ins Menschliche eingegangen sein, so daß er in menschlichen Situationen steht – nur mit göttlicher Entschiedenheit.

München, 25. 1. 61

Die immer härter werdende Einsicht, daß die „Welt" ein geschlossenes System ist, in dem es keine Lücken, keine Fenster nach „außen" gibt; das relativ, für mich, allhaft ist.

Wie kann dann „Glaube" als personal verantwortbare Überzeugung – im Unterschied also zu Wissen einerseits und zu subjektiver, sei es noch so dynamischer Annahme anderseits – kommen?

Was „beweist" die Endlichkeit der endlichen Gegebenheit? Wohl die Existenz und geistige Qualifikation Gottes überhaupt – aber in einem bestimmten Fall? Einer Heilung? (Ich lese gerade die Schrift von Michaëlis über den Heilungskampf Blumhardt-Dittur.) Worin besteht der Nachweis der Übernatürlichkeit, wenn alles in Rechnung gestellt wird, was einerseits unter die Phaenomene der Selbsttäuschung, anderseits unter die der psychischen Energie fällt?

Vielleicht ist das Moment der „Osmose", des Ausdrucks doch das Einzigweiterführende . . . Aber objektive Gewißheit?

Oder das Zeugnis des charismatischen Menschen, des Heiligen?

Oder Glaubensautorität der Kirche – aber dann ist die ganze Frage wieder da, in welcher Weise der Glaube an diese Autorität zustandekomme . . .

M., 25. 1. 61

C. Fr. v. Weizsäcker hat die Frage gestellt, ob die Linie der Wissenschaft und die der menschlichen Wohlfahrt auf die Dauer gleichlaufen.

Und die Linie der Gesundheit – alle Methoden ihrer Förderung, einschließlich die psychologischen, psychotherapeutischen – und die des Heils? Wenn alles in Betracht gezogen wird, was Erbsünde und Christi Kreuz bedeuten?

M., 25. 1. 61

Lese das Neue Testament im Zusammenhang nach der sehr eindrucksstarken Übersetzung von F. Sigge. Zum ersten Mal sehe ich, wie fragmentarisch und menschlich-eingeschränkt die Berichte der Evangelien sind und hinter ihnen geheimnisvoll und groß die Gestalt Jesu steht.

M., 30. 1. 61

Die Deutung – nein schon früher: die Sichtung der Gestalt Jesu spielt zwischen zwei Polen.

Der erste ist die Sorge um die Realität der Menschwerdung, ihre Kühnheit, ihre Vollkommenheit, alles das, was das Wort des Philipperbriefes

9 (1/2) Guardini, Wahrheit . . . (73454)

enthält und mit dem so wenig Ernst gemacht wird: die Kategorie des Gottmenschlichen.

Der zweite ist Überbegreiflichkeit eben dieses Gottmenschlichen, das jede Auflösung psychologischer, historischer oder soziologischer Art unmöglich macht.

M., 5. 2. 61

Nicht selten kommt einem die Frage, ob die Psalmen nicht eine zu breite Rolle in der Liturgie, besonders im Brevier spielen? Einmal, weil ihr Inhalt doch oft recht uniform ist. Und dann, weil, je genauer man sie kennen lernt, desto deutlicher wird, daß sie eben alttestamentarisch sind. Vielleicht sollte man doch eine Auswahl aus ihnen machen. Und ob es nicht möglich wäre, das Neue Testament im Brevier stärker zu Worte zu bringen? Mit scheint, es müßte möglich sein.

M., 12. 2. 61

Was steht eigentlich hinter der ungeheueren wissenschaftlich-technischen Bemühung?

1. Der Versuch, von der Erde als Existenzbasis, aber auch Existenzbindung loszukommen.
2. Die Sprengung des Mensch-Atoms, um über die jetzige Menschen-Form hinauszukommen.
3. Ganz zuletzt der Wille, von Gott loszukommen.

M., 16. 2. 61

Kerényi, Mythologie der Griechen.

Die Götter – gewiß, im Grunde sind sie Es-Wesen und damit amoralisch. Kommt dann das Unsägliche der griechischen Schönheit hinzu, dann schweigt der Protest. Aber nur eine Weile; denn gerade die Schönheit geht immer auf das Menschliche zu, und dann bricht er durch. Zwischen dem Eshaft-Amoralischen und dem Menschlichen klafft eine Unvereinbarkeit, und dann erscheint die ganze Götterschaft mit ihren Sexualitäten, Lügen, Empfindlichkeiten eben doch als Gesindel, und der einfachste Mensch, der Gewissen und Anstand hat, ist ein sauberes Wesen neben ihnen.

M., 20. 2. 61

Die Hoffnung gegenüber der wissenschaftlich-technischen Gefahr geht nicht darauf, es werde ein vernünftig-ethisches Maß gefunden werden, sondern auf eine Revolution aus der Ambivalenz der Gefühle . . .

Diese Hoffnung ist nicht ohne Aussicht auf Erfüllung.

M., 25. 2. 61

Das schlichte christliche Bewußtsein setzt die Dinge des inneren und die des äußeren Lebens in unmittelbare Beziehung. Z. B.: Ich habe es gestern an der Liebe fehlen lassen – deswegen ist mir heute das Unglück geschehen . . .

Gott und seine Schöpfungstat sind ewig, d. h. außer der Zeit; zeithaft ist deren Verwirklichung. Er ist einfach und einfach der Schöpfungsbefehl; differenziert ist dessen Realisation. So sieht und verwirklicht Gott das ganze Gefüge, und in ihm auch alle freien Akte als ewig-jetzig-einfache Einheit. Darin ist wirklich – oder kann sein – dieses, weil jenes war . . .

Bayrischzell, Tannerhof, 10. 3. 61

Daß die Erde ein winziges Stäubchen im Universum ist, dringt ins Bewußtsein. Daß sie in keiner Weise den Charakter einer Mitte hat, sondern „irgendwo" ist, ebenfalls. Und ebenso, daß sie der Zeit nach irgendwann im Weltprozeß entstanden ist und besteht.

Dadurch scheint alledem, was die Offenbarung über die Bindung einer „Gottesgeschichte" an die Erde gesagt hat, wesenlos zu werden und nicht mehr „realisiert" werden zu können.

Wahrscheinlich muß aber, wenn so alle „Notwendigkeit" verloren geht, deren Gegensatz – nicht Widerspruch –, nämlich die reine Faktizität als äußerster Ausdruck der Endlichkeit erkannt werden und daß Gott eben diese will. (Transzension der Absolutheit; Demut.)

Bayrischzell, Villa Reh, 13. 3. 61

Die anthropologische Tatsache, daß der Mensch nicht an eine Umwelt gebunden, sondern auf die Welt als Ganzes bezogen ist; daß daher jede Umwelt nur relativ bindet, immer wieder, direkt oder indirekt (durch Apparat und Kalkül), im Augenblick oder im Fortgang der Geschichte überstiegen werden kann –

bildet einen Ausdruck der Ebenbildlichkeit, in die Gott den Menschen zu Sich begründet hat.

Is. Vic., 20. 4. 61

Bei der Lektüre von Kellers „Leuten von Seldwyla". Köstliche Dinge! Prall von Leben, Form, Schönheit. (Nicht alle: Frau Regel Amreins langweilige freisinnige Predigt.)

Aber etwas fällt einem auf: eine eigentümliche unterschwellige Grausamkeit, z. B. in der Art, wie das Schicksal geführt wird.

Is. Vic., 1. 5. 61

G. Keller – eine überall wirksame Widerchristlichkeit. Kein Geistlicher ist sympathisch – nicht einmal redlich.

Die besondere Art, wie das Wort „die Person" gebracht wird . . . Etwas Wertfühlendes, Freundliches, fast Zärtliches.

München, 11. 1. 64

1. 5. 61 bis 11. 1. 64 große Lücke. Viel gesundheitliche Hinderung. Nun stehe ich vor dem Beginn des 79. Jahres und fange wieder an.

Vorhin kam mir eine sonderbare Einsicht. Ich habe gerade Kleists „Marionettentheater" gelesen und die Überlegenheit der aus dem bloßen Instinkt hervorgehenden Bewegung über die bewußte bedacht. Da wurde mir klar, welche Gefahr die gerühmte Zunahme der allgemeinen Bewußtheit für das richtige Handeln der Völker und der Menschheit bedeutet: die Instinktzone wird immer schwächer.

11. 1. 64

Der ganze Faust ist die Preisgabe der ethisch-personalen Existenz an die mythisch-magischen Mächte – auch die letzte „erlösende" Tat geschieht nicht durch Arbeit und Opfer, sondern durch Magie. So fehlt in allem der eigentliche Ernst. Auch in der Erlösungsphantasmagorie des Schlusses. (Falls nicht, malgré le poète, alles Parodie, Kasperltheater ist.)

12. 1. 64

Zum Unbegreiflichsten, das es gibt, gehört die Blindheit des Liberalismus für die historischen Konsequenzen seiner Haltungen und Anschauungen. Tritt mir immer wieder aus der Korrespondenz von Th. Mann entgegen, von der ich Bd. II lese. Die Zerstörung aller absoluten Maße, der Möglichkeit echter Entscheidung, auch gerade dessen, von dem er sich nennt, der Freiheit. Der deutsche Liberalismus war – und wird in irgendeiner Form immer wieder sein – der Vater des Nazismus.

13. 1. 64

Es scheint Regel zu werden, daß man ein Fremdwort, das anderes Genus hat als die Entsprechung im Deutschen, mit dem Genusartikel des deutschen Wortes anführt: „Der Étoile in Paris". Vollendete Barbarei!

13. 1. 64

Was die Reformation wollte:

Der erwachsene Mensch will unmittelbar mit dem ersten Wort Gottes zu tun bekommen;
ohne den „Klerus", im innersten Gegenüber, als Kundiger, der nach dem Heil verlangt;
was im Konzil sich meldet, ist ein ähnlicher Wille – wie wird er erfüllt, ohne daß er „protestantisch" wird, in der Kirche?

Wie die Existenz des mündigen katholischen Christen, gott-unmittelbar in der Kirche?

20. 1. 64

Die Gegensatzlehre wird noch Zukunft haben. Überall die gnostische Grundidee wirksam, daß die Widersprüche Polaritäten sind: Goethe, Gide, C. G. Jung, Th. Mann, H. Hesse . . . Alle sehen das Böse, das Negative . . . als dialektische Elemente im Ganzen des Lebens, der Natur.

5. 4. 64

J. Paul Sartre: Les mots.

Wieder ein Idol angegriffen: die reine, liebliche Kindheit.

Der kleine J. Paul ist ein durchtriebener Heuchler.

Gesehen, warum eigentlich sehr wache und anständige Menschen – im Grunde ein großer Teil der Jugend – den Vorgang bejaht, in dem die alten Werte und Formen destruiert werden. Lese den Faust und ertappe mich oft dabei, geistig nach einem der mir sonst so unverständlichen Dichter zu greifen: E. Pound, Eliot, Bachmann. Ich verstehe, wie gerade die Lebendigen unter den Jungen diese Sprache als Phrase empfinden.

5. 4. 64

Manchmal kommt einem die Theologie als Ganzes – an die man doch sein halbes Leben gehängt hat, und gewillt ist, mit dem Rest das Gleiche zu tun – wie eine riesige Wucherung auf dem Leben der christlichen Botschaft, Verkündung und Glaube, vor . . . Dann versteht man auch, daß von Zeit zu Zeit – langen Zeiten natürlich! – etwas geschehen muß, das das Gewächs zum Absterben bringt . . . mindestens bewirkt, daß Abstand entsteht und neuer Anfang möglich wird . . .

3. 5. 64

Gedanken vom Rand des Traumes her.

„Quid Deus sit, nemo scire potest." Grund-Axiom der Theologie. Alles theologische Denken und Aussagen geht in diesen Satz hinein.

Gott:

ist das Einzige, von dem wir von unserem Da-Sein her wissen sollten.

Alles in Ihm ist „Ich" – alles in Ihm ist „Du" . . . Er „ist" unendlich-ewiges, absolutes Gespräch.

In Ihm ist „Sein" – Bewußtsein – Glut. In Ihm ist das Herzgeheimnis der Selbsttranszension ins Endliche . . .

Jeder Akt Gottes ist Ewigkeit . . . Also ist die Welt „sekundär ewig"?

11. 5. 64

Ein erheblicher Teil der heutigen Menschheit benimmt sich in seinem Nicht-Glauben wie Schulbuben, die ihrem Lehrer fortgelaufen sind und ihren illegitimen Zustand – Leere und schlechtes Gewissen – durch Frechheit übertoben.

12. 5. 64

Gelesen:

Die Unheimlichkeit von Spiegeln, Glocken, Katzen.

12. 5. 64

Die Welt der heutigen „realistischen" Literatur ist die Welt, von welcher der Unglaube die einzige „Erklärung" weggestrichen hat: Die Ur-Schuld – und mit ihr die einzige Hoffnung: die Erlösung. Die ist allerdings „wild und blind". So Enzensberger über die „Blechtrommel" von G. Grass. In ihr ist der Mensch eingesperrt; und nur diese Literatur ist in ihr ehrlich.

25. 5. 64

Selig die Armen . . .

Was ist das, die Armut? Ist, nicht zu haben, von dem das Leben zehrt . . . das Leben im weitesten Sinn, vom Leiblichen bis zum Geistigsten, bis zum höchsten Bedürfen . . . Besonders die Armut am Gefühl, die weiß, was es ist, wenn man fühlt . . . Auch hier gibt es wohl eine Annahme, die macht, daß die Armut „selig" wird . . .

10. 6. 64

In diesen Tagen beschäftigt mich oft folgender Gedanke:

Ich verlange sehr nach Natur-Erkenntnis. Aber nicht naturwissenschaftlicher, sondern nach jener Sinntiefe, die sich im Naturgeheimnis andeutet. Diese erschließt sich nur im Religiösen; ich gelangte zur Formulierung: was ein Baum ist, würde erst deutlich, wenn deutlich würde, wie er aus dem Gedanken und der ebenso schöpferischen wie liebenden Macht Gottes hervorgeht. Das geschieht in der Zeitlichkeit nicht, sondern wird erst im ewigen Leben geschehen. Das ewige d. h. aus Gott geschenkte Leben erst wird die – ebenfalls zur Seligkeit gehörende – Erkenntnis von Welt und Zeitgestalt geben.

Wie sehr ist das vergessen worden. Ebenso sehr, wie die dazu gehörende Tatsache, daß erst das ewige Leben mir die Erkenntnis geben wird, „wer" ich bin und „was" ich bin – der neue Name auf dem weißen Stein im apokalyptischen Sendbrief an dem „Engel von Pergamon".

30. 7. 64

Vielleicht charakterisiert es den Unterschied der katholischen von der protestantischen Haltung:

Der Protestant stellt in den Mittelpunkt die Frage: „Wie finde ich mein Heil?"

Der Katholik:

„Wie verwirklicht sich Gottes Ehre? In ihr verwirklicht sich auch mein Heil."